suhrkamp taschenbuch 4020

W9-CIM-098
W9-BNR-

Als »ein Volksstück und die Parodie dazu« bezeichnete Alfred Polgar Ödön von Horváths *Geschichten aus dem Wiener Wald*. Mit dem Kleist-Preis ausgezeichnet, wurde Horváths Volksstück 1931 an Max Reinhardts Deutschem Theater in Berlin unter der Regie von Heinz Hilpert uraufgeführt, »das bitterste, das böseste, das bitterböseste Stück neuer Literatur«, wie Kurt Pinthus schrieb. In der *New York Times* war zu lesen: »Mit diesem Stück hat sich Horváth einen Platz in der Reihe der besten zentraleuropäischen Dramatiker gesichert und wird nicht mehr übersehen werden können.«

Die rechtsradikale Presse nannte *Geschichten aus dem Wiener Wald* eine »beispiellose Unverschämtheit«, eine »dramatische Verunglimpfung des alten Österreich-Ungarn«, ein »Machwerk«, ein »Unflat ersten Ranges«. Ödön von Horváth sagte in einem Interview: »Man wirft mir vor, ich sei zu derb, zu ekelhaft, zu unheimlich, zu zynisch und was es dergleichen noch an soliden, gediegenen Eigenschaften gibt – und man übersieht dabei, daß ich doch kein anderes Bestreben habe, als die Welt so zu schildern, wie sie halt leider ist ...«

Ödön von Horváth, geboren am 9. Dezember 1901 in Fiume, starb am 1. Juni 1938 in Paris. Sein Werk erscheint im Suhrkamp Verlag.

Ödön von Horváth
Geschichten
aus dem Wiener Wald

Suhrkamp

Der vorliegende Text folgt der Ausgabe: Ödön von Horváth, *Geschichten aus dem Wiener Wald*, in: Ödön von Horváth, *Gesammelte Werke. Kommentierte Werkausgabe in Einzelbänden.* Herausgegeben von Traugott Krischke unter Mitarbeit von Susanna Foral-Krischke, Band 4. Frankfurt am Main: Suhrkamp Verlag 1986, S. 101–207.

Umschlagfoto: ullstein bild

suhrkamp taschenbuch 4020
Erste Auflage 2008
© Suhrkamp Verlag Frankfurt am Main 1986
Suhrkamp Taschenbuch Verlag
Alle Rechte vorbehalten, insbesondere das
der Übersetzung, des öffentlichen Vortrags sowie der Übertragung
durch Rundfunk und Fernsehen, auch einzelner Teile.
Kein Teil des Werkes darf in irgendeiner Form
(durch Fotografie, Mikrofilm oder andere Verfahren)
ohne schriftliche Genehmigung des Verlages reproduziert
oder unter Verwendung elektronischer Systeme
verarbeitet, vervielfältigt oder verbreitet werden.
Alle Aufführungs-, Sende- und Übertragungsrechte liegen ausschließlich
beim Thomas Sessler Verlag, Wien und München.
Satz: pagina GmbH, Tübingen
Druck: CPI – Ebner&Spiegel, Ulm
Printed in Germany
Umschlag: Göllner, Michels, Zegarzewski
ISBN 978-3-518-46020-7

1 2 3 4 5 6 – 13 12 11 10 09 08

Geschichten aus dem Wiener Wald
Volksstück in drei Teilen

Nichts gibt so sehr das Gefühl der
Unendlichkeit als wie die Dummheit

Personen: Alfred · Die Mutter · Die Großmutter · Der Hierlinger Ferdinand · Valerie · Oskar · Ida · Havlitschek · Rittmeister · Eine gnädige Frau · Marianne · Zauberkönig · Zwei Tanten · Erich · Emma · Helene · Der Dienstbot · Baronin · Beichtvater · Der Mister · Der Conferencier.

Das Stück spielt in unseren Tagen, und zwar in Wien, im Wiener Wald und draußen in der Wachau.

Erster Teil

I
Draußen in der Wachau

Vor einem Häuschen am Fuße einer Burgruine. Alfred
sitzt im Freien und verzehrt mit gesegnetem Appetit Brot,
Butter und sauere Milch – seine Mutter bringt ihm gerade
ein schärferes Messer.
In der Luft ist ein Klingen und Singen – als verklänge
irgendwo immer wieder der Walzer »Geschichten aus dem
Wiener Wald« von Johann Strauß.
Und in der Nähe fließt die schöne blaue Donau.

DIE MUTTER *sieht Alfred zu – plötzlich ergreift sie seine*
   Hand, in der er das Messer hält, und schaut ihm tief in
   die Augen.
ALFRED *stockt und starrt sie mit vollem Munde mißtrau-*
   isch an.
   Stille.
DIE MUTTER *streicht ihm langsam über das Haar:* Das ist
   schön von dir, mein lieber Alfred – daß du nämlich deine
   liebe Mutter nicht total vergessen hast, lieber Alfred –
ALFRED Aber wieso denn total vergessen? Ich wär ja
   schon längst immer wieder herausgekommen, wenn ich
   nur dazu gekommen wär – aber heutzutag kommt doch
   schon keiner mehr dazu, vor lauter Krise und Wirbel!
   Wenn mich jetzt mein Freund, der Hierlinger Ferdinand, nicht mitgenommen hätt mit seinem Kabriolett,
   wer weiß, wann wir uns wiedergesehen hätten!
DIE MUTTER Das ist sehr aufmerksam von deinem Freund,
   dem Herrn von Hierlinger.
ALFRED Er ist überhaupt ein reizender Mensch. In einer
   guten halben Stund holt er mich wieder ab.

DIE MUTTER Schon?

ALFRED Leider!

DIE MUTTER Dann iß bitte nicht die ganze sauere Milch zusammen, ich hab sonst nichts da zum Antragen –

ALFRED Der Hierlinger Ferdinand darf ja gar keine sauere Milch essen, weil er eine chronische Nikotinvergiftung hat. Er ist ein hochanständiger Kaufmann. Ich hab öfters mit ihm zu tun.

DIE MUTTER Geschäftlich?

ALFRED Auch das.

Stille.

DIE MUTTER Bist du noch bei der Bank?

ALFRED Nein.

DIE MUTTER Sondern?

Stille.

ALFRED Ich taug nicht zum Beamten, das bietet nämlich keine Entfaltungsmöglichkeiten. Die Arbeit im alten Sinne rentiert sich nicht mehr. Wer heutzutag vorwärtskommen will, muß mit der Arbeit der anderen arbeiten. Ich hab mich selbständig gemacht. Finanzierungsgeschäfte und so – *Er verschluckt sich und hustet stark.*

DIE MUTTER *klopft ihm auf den Rücken:* Schmeckts?

ALFRED Jetzt wär ich aber fast erstickt.

DIE MUTTER Ich freu mich nur, daß es dir schmeckt.

Stille.

ALFRED Apropos ersticken: wo steckt denn die liebe Großmutter?

DIE MUTTER Mir scheint, sie sitzt in der Küch und betet.

ALFRED Betet?

DIE MUTTER Sie leidet halt an Angst.

ALFRED Angst?

Stille.

DIE MUTTER Vergiß ihr nur ja nicht zu gratulieren – nächsten Monat wird sie achtzig, und wenn du ihr nicht gratulierst, dann haben wir hier wieder die Höll auf Erden. Du bist doch ihr Liebling.

ALFRED Ich werds mir notieren. *Er notiert es sich.* Großmutter gratulieren. Achtzig. *Er erhebt sich, da er nun*
satt ist. Das ist ein biblisches Alter. *Er sieht auf seine*
Armbanduhr. Ich glaub, es wird Zeit. Der Hierlinger
muß jeden Moment erscheinen. Es ist auch noch eine
Dame dabei.

DIE MUTTER Was ist das für eine Dame?

ALFRED Eine ältere Dame.
Stille.

DIE MUTTER Wie alt?

ALFRED So mittel.

DIE MUTTER Hat sie Geld?

ALFRED Ich hab nichts mit ihr zu tun.
Stille.

DIE MUTTER Eine reiche Partie ist nicht das letzte. Du
hast halt die Richtige noch nicht gefunden.

ALFRED Möglich! Manchmal möcht ich ja schon so Kinder um mich herum haben, aber dann denk ich mir immer wieder: nein, es soll halt nicht sein –

DIE GROSSMUTTER *tritt mit ihrer Schale saurer Milch*
aus dem Häuschen: Frieda! Frieda!

DIE MUTTER Na, wo brennts denn?

DIE GROSSMUTTER Wer hat mir denn da was von meiner
saueren Milch gestohlen?

DIE MUTTER Ich. Weil der liebe Alfred noch so einen starken Gusto gehabt hat.
Stille.

DIE GROSSMUTTER Hat er gehabt? Hat er gehabt? – Und
da werd ich gar nicht gefragt? Als ob ich schon gar nicht
mehr da wär – *Zur Mutter.* Tät dir so passen!

ALFRED Bäääh! *Er streckt ihr die Zunge heraus.*
Stille.

DIE GROSSMUTTER Bäääh! *Sie streckt ihm die Zunge her-*
aus.
Stille.

DIE GROSSMUTTER *kreischt:* Jetzt möcht ich überhaupt keine Milch mehr haben! Da! *Sie schüttet die Schale aus.*

DER HIERLINGER FERDINAND *kommt mit Valerie, einer hergerichteten Fünfzigerin im Autodreß.*

ALFRED Darf ich bekanntmachen: das ist meine Mutter und das ist mein Freund Ferdinand Hierlinger – und Frau Valerie – und das dort ist meine liebe Großmutter –

DIE MUTTER Das ist sehr schön von Ihnen, Herr von Hierlinger, daß Sie mir den Alfred herausgebracht haben – ich danke Ihnen, danke –

DER HIERLINGER FERDINAND Aber ich bitte, meine Herrschaften! Das ist doch alles nur selbstverständlich! Ich hätt Ihnen ja den Alfred schon öfters herausgebracht – der liebe Alfred hätte ja nur ein Wörterl verlauten dürfen.

DIE MUTTER Nur ein Wörterl?

DER HIERLINGER FERDINAND Wie gesagt – *Er stockt, da er merkt, daß er sich irgendwie verplappert hat.*
Peinliche Stille.

VALERIE Aber schön haben Sies hier heraußen –

DIE MUTTER Wollen die Herrschaften vielleicht mal auf den Turm?

DER HIERLINGER FERDINAND Auf was für einen Turm?

DIE MUTTER Auf unseren Turm da –

DER HIERLINGER FERDINAND Ich bitte, gehört denn da diese hochromantische Ruine den Herrschaften?

DIE MUTTER Nein, die gehört dem Staat. Wir verwalten sie nur. Wenn die Herrschaften wollen, führ ich die Herrschaften hinauf – nämlich dem Besteiger bietet sich droben eine prächtige Fernsicht und eine instruktive Rundsicht.

DER HIERLINGER FERDINAND Aber gern, sehr gern! Zu charmant, gnädige Frau!

DIE MUTTER *lächelt verlegen:* Aber oh bitte! *Zu Valerie.* Die Dame kommen doch auch mit?

VALERIE Danke, danke – es tut mir schrecklich leid, aber ich kann nicht so hoch hinauf, weil ich dann keine Luft krieg –

DIE MUTTER Also dann auf Wiedersehen! *Ab mit dem Hierlinger Ferdinand.*

VALERIE *zu Alfred:* Dürft ich mal den Herrn um eine kleine Information bitten?

ALFRED Was gibts denn?

DIE GROSSMUTTER *setzt sich an das Tischchen und horcht, hört aber nichts.*

VALERIE Du hast mich wieder mal betrogen.

ALFRED Sonst noch was gefällig?

VALERIE Der Hierlinger erzählt mir grad, daß beim letzten Rennen in Saint-Cloud nicht die Quote hundertachtundsechzig, sondern zweihundertzweiundzwanzig herausgelaufen worden ist –

ALFRED Der Hierlinger lügt.

VALERIE Und das Gedruckte da lügt auch? *Sie hält ihm eine Rennzeitung unter die Nase.*
Stille.

VALERIE *triumphierend:* Na?

ALFRED Nein, du bist halt keine richtige Frau. Du stoßt mich ja direkt von dir – mit derartigen Methoden –

VALERIE Du wirst mir jetzt das geben, was mir gebührt. Siebenundzwanzig Schilling. S'il vous plaît!

ALFRED *gibt ihr das Geld:* Voilà!

VALERIE Merci! *Sie zählt nach.*

ALFRED Kleinliche Person.

VALERIE Ich bin keine Person! Und von heut ab bitte ich es mir aus, daß du mir immer eine schriftliche Quittung –

ALFRED *unterbricht sie:* Bild dir nur ja nichts ein, bitte!
Stille.

VALERIE Alfred, du sollst mich doch nicht immer betrügen –

ALFRED Und du sollst nicht immer so mißtrauisch zu mir

sein – das untergräbt doch nur unser Verhältnis. Du darfst es doch nicht übersehen, daß ein junger Mensch Licht- und Schattenseiten hat, das ist normal. Und ich kann dir nur flüstern: eine rein menschliche Beziehung wird erst dann echt, wenn man was voneinander hat. Alles andere ist Larifari. Und in diesem Sinne bin ich auch dafür, daß wir jetzt unsere freundschaftlich-geschäftlichen Beziehungen nicht deshalb abbrechen, weil die anderen für uns etwa ungesund sind –

VALERIE *unterbricht ihn:* Nein, pfui! Pfui –

ALFRED Na siehst du! Jetzt hast du schon wieder einen anderen Kopf auf! Es wär doch auch zu leichtsinnig von dir, um nicht zu sagen übermütig! Was mach ich denn aus deinem Ruhegehalt, Frau Kanzleiobersekretärswitwe? Dadurch, daß ich eine Rennplatzkapazität bin, wie? Durch meine glückliche Hand beziehen Frau Kanzleiobersekretärswitwe das Gehalt eines aktiven Ministerialdirigenten erster Klass! – Was ist denn schon wieder los?

VALERIE Ich hab jetzt nur an das Grab gedacht.

ALFRED An was für ein Grab?

VALERIE An sein Grab. Immer, wenn ich das hör: Frau Kanzleiobersekretär – dann muß ich an sein Grab denken.

Stille.

VALERIE Ich kümmer mich zu wenig um das Grab. Meiner Seel, ich glaub, es ist ganz verwildert –

ALFRED Valerie, wenn ich morgen in Maisons-Laffitte gewinn, dann lassen wir sein Grab mal gründlich herrichten. Halb und halb.

VALERIE *küßt plötzlich seine Hand.*

ALFRED Nein, nicht so –

DIE STIMME DES HIERLINGER FERDINAND *vom Turm:* Alfred! Alfred! Es ist wunderschön heroben, und ich komm gleich runter!

ALFRED *ruft hinauf:* Ich bin bereit! *Er fixiert Valerie.* Was? Du weinst?

VALERIE *weinerlich:* Aber keine Idee – *Sie betrachtet sich in ihrem Taschenspiegel.* Gott, bin ich wieder derangiert – höchste Zeit, daß ich mich wieder mal rasier – *Sie schminkt sich mit dem Lippenstift und summt dazu den Trauermarsch von Chopin.*

DIE GROSSMUTTER Alfred!

ALFRED *nähert sich ihr.*

DIE GROSSMUTTER Wann kommst du denn wieder? Bald?

ALFRED Sicher.

DIE GROSSMUTTER Ich hab so Abschiede nicht gern, weißt du. – Daß dir nur nichts passiert, ich hab oft so Angst –

ALFRED Was soll mir denn schon passieren?

Stille.

DIE GROSSMUTTER Wann gibst du mir denn das Geld zurück?

ALFRED Sowie ich es hab.

DIE GROSSMUTTER Ich brauch es nämlich.

ALFRED Zu was brauchst du denn dein Geld?

DIE GROSSMUTTER Nächsten Monat werd ich achtzig – und ich möcht um mein eigenes Geld begraben werden, ich möcht keine milden Gaben, du kennst mich ja –

ALFRED Mach dir nur keine Sorgen, Großmama!

II
Stille Straße im achten Bezirk

Von links nach rechts: Oskars gediegene Fleischhauerei mit halben Rindern und Kälbern, Würsten, Schinken und Schweinsköpfen in der Auslage. Daneben eine Puppenklinik mit Firmenschild »Zum Zauberkönig« – mit Scherzartikeln, Totenköpfen, Puppen, Spielwaren, Raketen, Zinnsoldaten und einem Skelett im Fenster. Endlich: eine kleine Tabak-Trafik mit Zeitungen, Zeitschriften und Ansichtspostkarten vor der Tür. Über der Puppenklinik befindet sich ein Balkon mit Blumen, der zur Privatwohnung des Zauberkönigs gehört.

OSKAR *mit weißer Schürze; er steht in der Tür seiner Fleischhauerei und maniküert sich mit seinem Taschenmesser; ab und zu lauscht er, denn im zweiten Stock spielt jemand auf einem ausgeleierten Klavier die »Geschichten aus dem Wiener Wald« von Johann Strauß.*

IDA *ein elfjähriges, herziges, mageres, kurzsichtiges Mäderl, verläßt mit ihrer Markttasche die Fleischhauerei und will nach rechts ab, hält aber vor der Puppenklinik und betrachtet die Auslage.*

HAVLITSCHEK *der Gehilfe Oskars, ein Riese mit blutigen Händen und ebensolcher Schürze, erscheint in der Tür der Fleischhauerei; er frißt eine kleine Wurst und ist wütend:* Dummes Luder, dummes –

OSKAR Wer?

HAVLITSCHEK *deutet mit seinem langen Messer auf Ida:* Das dort! Sagt das dumme Luder nicht, daß meine Blutwurst nachgelassen hat – meiner Seel, am liebsten tät ich so was abstechen, und wenn des dann auch mit dem Messer in der Gurgel herumrennen müßt, wie die gestrige Sau, dann tät mich das nur freuen!

OSKAR *lächelt:* Wirklich?

IDA *fühlt Oskars Blick, es wird ihr unheimlich; plötzlich rennt sie nach rechts ab.*

HAVLITSCHEK *lacht.*

RITTMEISTER *kommt von links; er ist bereits seit dem Zusammenbruch pensioniert und daher in Zivil; jetzt grüßt er Oskar.*

OSKAR UND HAVLITSCHEK *verbeugen sich – und der Walzer ist aus.*

RITTMEISTER Also das muß ich schon sagen: die gestrige Blutwurst – Kompliment! First class!

OSKAR Zart, nicht?

RITTMEISTER Ein Gedicht!

OSKAR Hast du gehört, Havlitschek?

RITTMEISTER Ist er derjenige, welcher?

HAVLITSCHEK Melde gehorsamst ja, Herr Rittmeister!

RITTMEISTER Alle Achtung!

HAVLITSCHEK Herr Rittmeister sind halt ein Kenner. Ein
Gourmand. Ein Weltmann.

RITTMEISTER *zu Oskar:* Ich bin seinerzeit viel in unserer
alten Monarchie herumtransferiert worden, aber ich
muß schon sagen: Niveau. Niveau!

OSKAR Ist alles nur Tradition, Herr Rittmeister!

RITTMEISTER Wenn Ihr armes Mutterl selig noch unter
uns weilen würde, die hätt eine Freude an ihrem Sohn.

OSKAR *lächelt geschmeichelt:* Es hat halt nicht sollen sein,
Herr Rittmeister.

RITTMEISTER Wir müssen alle mal fort.

OSKAR Heut vor einem Jahr ist sie fort.

RITTMEISTER Wer?

OSKAR Meine Mama, Herr Rittmeister. Nach dem Essen
um halb drei – da hatte sie unser Herrgott erlöst.
Stille.

RITTMEISTER Ist denn das schon ein Jahr her?
Stille.

OSKAR Entschuldigens mich bitte, Herr Rittmeister, aber
ich muß mich jetzt noch in Gala werfen – für die Totenmess. *Ab.*

RITTMEISTER *reagiert nicht; ist anderswo.*
Stille.

RITTMEISTER Wieder ein Jahr – bis zwanzig gehts im
Schritt, bis vierzig im Trab, und nach vierzig im Galopp –
Stille.

HAVLITSCHEK *frißt nun wieder:* Das ist ein schönes Erd-
begräbnis gewesen von der alten gnädigen Frau –

RITTMEISTER Ja, es war sehr gelungen – *Er läßt ihn stehen und nähert sich der Tabak-Trafik, hält einen Augenblick vor dem Skelett in der Puppenklinik; jetzt spielt wieder jemand im zweiten Stock, und zwar den Walzer »Über den Wellen«.*

HAVLITSCHEK *sieht dem Rittmeister nach, spuckt die Wursthaut aus und zieht sich zurück in die Fleischhauerei.*

VALERIE *erscheint in der Tür ihrer Tabak-Trafik.*

RITTMEISTER *grüßt.*

VALERIE *dankt.*

RITTMEISTER Dürft ich mal die Ziehungsliste?

VALERIE *reicht sie ihm aus dem Ständer von der Tür.*

RITTMEISTER Küß die Hand! *Er vertieft sich in die Ziehungsliste; plötzlich bricht der Walzer ab, mitten im Takt.*

VALERIE *schadenfroh:* Was haben wir denn gewonnen, Herr Rittmeister? Das große Los?

RITTMEISTER *reicht ihr die Ziehungsliste wieder zurück:* Ich hab überhaupt noch nie was gewonnen, liebe Frau Valerie. Weiß der Teufel, warum ich spiel! Höchstens, daß ich meinen Einsatz herausbekommen hab.

VALERIE Das ist halt das Glück in der Liebe.

RITTMEISTER Gewesen, gewesen!

VALERIE Aber Herr Rittmeister! Mit dem Profil!

RITTMEISTER Das hat nicht viel zu sagen – wenn man nämlich ein wählerischer Mensch ist. Und eine solche Veranlagung ist eine kostspielige Charaktereigenschaft. Wenn der Krieg nur vierzehn Tage länger gedauert hätt, dann hätt ich heut meine Majorspension.

VALERIE Wenn der Krieg vierzehn Tag länger gedauert hätt, dann hätten wir gesiegt.

RITTMEISTER Menschlichem Ermessen nach –

VALERIE Sicher. *Ab in ihre Tabak-Trafik.*

MARIANNE *begleitet eine gnädige Frau aus der Puppenklinik – jedesmal, wenn diese Ladentür geöffnet wird, ertönt statt eines Klingelzeichens ein Glockenspiel.*

RITTMEISTER *blättert nun in einer Zeitung und horcht.*

DIE GNÄDIGE FRAU Also ich kann mich auf Sie verlassen?

MARIANNE Ganz und gar, gnädige Frau! Wir haben doch hier das erste und älteste Spezialgeschäft im ganzen Bezirk – gnädige Frau bekommen die gewünschten Zinnsoldaten, garantiert und pünktlich!

DIE GNÄDIGE FRAU Also nochmals, nur damit keine Verwechslungen entstehen: drei Schachteln Schwerverwundete und zwei Schachteln Fallende – auch Kavallerie bitte, nicht nur Infanterie – und daß ich sie nur übermorgen früh im Haus hab, sonst weint der Bubi. Er hat nämlich am Freitag Geburtstag, und er möcht doch schon so lang Sanitäter spielen –

MARIANNE Garantiert und pünktlich, gnädige Frau! Vielen Dank, gnädige Frau!

DIE GNÄDIGE FRAU Also Adieu! *Ab nach links.*

DER ZAUBERKÖNIG *erscheint auf seinem Balkon, in Schlafrock und mit Schnurrbartbinde:* Marianne! Bist du da?

MARIANNE Papa?

ZAUBERKÖNIG Wo stecken denn meine Sockenhalter?

MARIANNE Die rosa oder die beige?

ZAUBERKÖNIG Ich hab doch nur mehr die rosa!

MARIANNE Im Schrank links oben, rechts hinten.

ZAUBERKÖNIG Links oben, rechts hinten. Difficile est, satiram non scribere. *Ab.*

RITTMEISTER *zu Marianne:* Immer fleißig, Fräulein Marianne! Immer fleißig!

MARIANNE Arbeit schändet nicht, Herr Rittmeister.

RITTMEISTER Im Gegenteil. Apropos: wann darf man denn gratulieren?

MARIANNE Zu was denn?

RITTMEISTER Na zur Verlobung.

ZAUBERKÖNIG *erscheint wieder auf dem Balkon:* Marianne!

RITTMEISTER Habe die Ehre, Herr Zauberkönig!

ZAUBERKÖNIG Habe die Ehre, Herr Rittmeister! Marianne. Zum letztenmal: wo stecken meine Sockenhalter?

MARIANNE Wo sie immer stecken.

ZAUBERKÖNIG Was ist das für eine Antwort, bitt ich mir aus! Einen Ton hat dieses Ding an sich! Herzig! Zum leiblichen Vater! Wo meine Sockenhalter immer stecken, dort stecken sie nicht.

MARIANNE Dann stecken sie in der Kommod.

ZAUBERKÖNIG Nein.

MARIANNE Dann im Nachtkastl.

ZAUBERKÖNIG Nein.

MARIANNE Dann bei deinen Unterhosen.

ZAUBERKÖNIG Nein.

MARIANNE Dann weiß ich es nicht.

ZAUBERKÖNIG Jetzt frag ich aber zum allerletztenmal: wo stecken meine Sockenhalter!

MARIANNE Ich kann doch nicht zaubern!

ZAUBERKÖNIG *brüllt sie an:* Und ich kann doch nicht mit rutschende Strümpf in die Totenmess! Weil du meine Garderob verschlampst! Jetzt komm aber nur rauf und such du! Aber avanti, avanti!

MARIANNE *ab in die Puppenklinik – und jetzt wird der Walzer »Über den Wellen« wieder weitergespielt.*

ZAUBERKÖNIG *lauscht.*

RITTMEISTER Wer spielt denn da?

ZAUBERKÖNIG Das ist eine Realschülerin im zweiten Stock – ein talentiertes Kind ist das.

RITTMEISTER Ein musikalisches.

ZAUBERKÖNIG Ein frühentwickeltes – *Er summt mit, riecht an den Blumen und genießt ihren Duft.*

RITTMEISTER Es wird Frühling, Herr Zauberkönig.

ZAUBERKÖNIG Endlich! Selbst das Wetter ist verrückt geworden!

RITTMEISTER Das sind wir alle.

ZAUBERKÖNIG Ich nicht.

Pause.

ZAUBERKÖNIG Elend sind wir dran, Herr Rittmeister, elend. Nicht einmal einen Dienstbot kann man sich halten. Wenn ich meine Tochter nicht hätt –

OSKAR *kommt aus seiner Fleischhauerei, in Schwarz und mit Zylinder; er zieht sich soeben schwarze Glacéhandschuhe an.*

ZAUBERKÖNIG Ich bin gleich fertig, Oskar! Die liebe Mariann hat nur wieder mal meine Sockenhalter verhext!

RITTMEISTER Herr Zauberkönig! Dürft ich mir erlauben, Ihnen meine Sockenhalter anzubieten? Ich trag nämlich auch Strumpfbänder, neuerdings –

ZAUBERKÖNIG Zu gütig! Küß die Hand! Aber Ordnung muß sein! Die liebe Mariann wird sie schon wieder herhexen!

RITTTMEISTER Der Herr Bräutigam in spe können sich gratulieren.

OSKAR *lüftet den Zylinder und verbeugt sich leicht.*

ZAUBERKÖNIG Wenns Gott mir vergönnt, ja.

RITTMEISTER Mein Kompliment, die Herren! *Ab – und nun ist der Walzer aus.*

MARIANNE *erscheint auf dem Balkon mit den rosa Sockenhaltern:* Hier hab ich jetzt deine Sockenhalter.

ZAUBERKÖNIG Na also!

MARIANNE Du hast sie aus Versehen in die Schmutzwäsch geworfen – und ich hab jetzt das ganze schmutzige Zeug durchwühlen müssen.

ZAUBERKÖNIG Na so was! *Er lächelt väterlich und kneift sie in die Wange.* Brav, brav. Unten steht der Oskar. *Ab.*

OSKAR Marianne! Marianne!

MARIANNE Ja?

OSKAR Willst du denn nicht herunterkommen?

MARIANNE Das muß ich sowieso. *Ab.*

HAVLITSCHEK *erscheint in der Tür der Fleischhauerei;*

wieder fressend: Herr Oskar. Was ich noch hab sagen wollen – geh, bittschön, betens auch in meinem Namen ein Vaterunser für die arme gnädige Frau Mutter selig.

OSKAR Gern, Havlitschek.

HAVLITSCHEK Ich sage dankschön, Herr Oskar. *Ab.*

MARIANNE *tritt aus der Puppenklinik.*

OSKAR Ich bin so glücklich, Mariann. Bald ist das Jahr der Trauer ganz vorbei, und morgen leg ich meinen Flor ab. Und am Sonntag ist offizielle Verlobung und Weihnachten Hochzeit. – Ein Bussi, Mariann, ein Vormittagsbussi –

MARIANNE *gibt ihm einen Kuß, fährt aber plötzlich zurück:* Au! Du sollst nicht immer beißen!

OSKAR Hab ich denn jetzt?

MARIANNE Weißt du denn das nicht?

OSKAR Also ich hätt jetzt geschworen –

MARIANNE Daß du mir immer weh tun mußt.
Stille.

OSKAR Böse?
Stille.

OSKAR Na?

MARIANNE Manchmal glaub ich schon, daß du es dir herbeisehnst, daß ich ein böser Mensch sein soll –

OSKAR Marianne! Du weißt, daß ich ein religiöser Mensch bin und daß ich es ernst nehme mit den christlichen Grundsätzen!

MARIANNE Glaubst du vielleicht, ich glaub nicht an Gott? Ph!

OSKAR Ich wollte dich nicht beleidigen. Ich weiß, daß du mich verachtest.

MARIANNE Was fällt dir ein, du Idiot!
Stille.

OSKAR Du liebst mich also nicht?

MARIANNE Was ist Liebe?
Stille.

OSKAR Was denkst du jetzt?

MARIANNE Oskar, wenn uns etwas auseinanderbringen kann, dann bist du es. Du sollst nicht so herumbohren in mir, bitte –

OSKAR Jetzt möcht ich in deinen Kopf hineinsehen können, ich möcht dir mal die Hirnschale herunter und nachkontrollieren, was du da drinnen denkst –

MARIANNE Aber das kannst du nicht.

OSKAR Man ist und bleibt allein.

Stille.

OSKAR *holt aus seiner Tasche eine Bonbonniere hervor:* Darf ich dir diese Bonbons, ich hab sie jetzt ganz vergessen, die im Goldpapier sind mit Likör –

MARIANNE *steckt sich mechanisch ein großes Bonbon in den Mund.*

ZAUBERKÖNIG *tritt rasch aus der Puppenklinik, auch in Schwarz und mit Zylinder:* Also da sind wir, Was hast du da? Schon wieder Bonbons? Aufmerksam, sehr aufmerksam! *Er kostet.* Ananas! Prima! Na was sagst du zu deinem Bräutigam? Zufrieden?

MARIANNE *rasch ab in die Puppenklinik.*

ZAUBERKÖNIG *verdutzt:* Was hat sie denn?

OSKAR Launen.

ZAUBERKÖNIG Übermut! Es geht ihr zu gut!

OSKAR Komm, wir haben keine Zeit, Papa – die Messe –

ZAUBERKÖNIG Aber eine solche Benehmität! Ich glaub gar, daß du sie mir verwöhnst – also nur das nicht, lieber Oskar! Das rächt sich bitter! Was glaubst du, was ich auszustehen gehabt hab in meiner Ehe? Und warum? Nicht weil meine gnädige Frau Gemahlin ein bissiges Mistvieh war, sondern weil ich zu vornehm war, Gott hab sie selig! Nur niemals die Autorität verlieren! Abstand wahren! Patriarchat, kein Matriarchat! Kopf hoch! Daumen runter! Ave Caesar, morituri te salutant! *Ab mit Oskar.*

Jetzt spielt die Realschülerin im zweiten Stock den Walzer »In lauschiger Nacht« von Ziehrer.

MARIANNE *erscheint nun in der Auslage und arrangiert – sie bemüht sich besonders um das Skelett.*

ALFRED *kommt von links, erblickt Marianne von hinten, hält und betrachtet sie.*

MARIANNE *dreht sich um – erblickt Alfred und ist fast fasziniert.*

ALFRED *lächelt.*

MARIANNE *lächelt auch.*

ALFRED *grüßt charmant.*

MARIANNE *dankt.*

ALFRED *nähert sich der Auslage.*

VALERIE *steht nun in der Tür ihrer Tabak-Trafik und betrachtet Alfred.*

ALFRED *trommelt an die Fensterscheibe.*

MARIANNE *sieht ihn plötzlich erschrocken an, läßt rasch den Sonnenvorhang hinter der Fensterscheibe herab – und der Walzer bricht wieder ab, mitten im Takt.*

ALFRED *erblickt Valerie.*

Stille.

VALERIE Wohin?

ALFRED Zu dir, Liebling.

VALERIE Was hat man denn in der Puppenklinik verloren?

ALFRED Ich wollte dir ein Pupperl kaufen.

VALERIE Und an so was hängt man sein Leben.

ALFRED Pardon!

Stille.

ALFRED *krault Valerie am Kinn.*

VALERIE *schlägt ihn auf die Hand.*

Stille.

ALFRED Wer ist denn das Fräulein da drinnen?

VALERIE Das geht dich einen Dreck an.

ALFRED Das ist sogar ein sehr hübsches Fräulein.

VALERIE Haha!

ALFRED Ein schöngewachsenes Fräulein. Daß ich dieses
Fräulein noch nie gesehen habe – das ist halt die Tücke
des Objekts.

VALERIE Na und?

ALFRED Also ein für allemal: lang halt ich jetzt aber deine
hysterischen Eifersüchteleien nicht mehr aus! Ich laß
mich nicht tyrannisieren! Das hab ich doch schon gar
nicht nötig!

VALERIE Wirklich?

ALFRED Glaub nur ja nicht, daß ich auf dein Geld ange-
wiesen bin!

Stille.

VALERIE Ja, das wird wohl das beste sein –

ALFRED Was?

VALERIE Das wird das beste sein für uns beide, daß wir uns
trennen.

ALFRED Aber dann endlich! Und im guten! Und konse-
quent, wenn man bitten darf! – Da. Das bin ich dir noch
schuldig. Mit Quittung. Wir haben in Saint-Cloud
nichts verloren und in Le Tremblay gewonnen. Außen-
seiter. Zähls nach, bitte! *Ab.*

VALERIE *allein; zählt mechanisch das Geld nach – dann
sieht sie Alfred langsam nach; leise:* Luder. Mistvieh.
Zuhälter. Bestie –

III
Am nächsten Sonntag im Wiener Wald

*Auf einer Lichtung am Ufer der schönen blauen Donau.
Der Zauberkönig und Marianne, Oskar, Valerie, Alfred,
einige entfernte Verwandte, unter ihnen Erich aus Kassel
in Preußen, und kleine weißgekleidete häßliche Kinder
machen einen gemeinsamen Ausflug.*
Jetzt bilden sie gerade eine malerische Gruppe, denn sie

wollen von Oskar fotografiert werden, der sich noch mit seinem Stativ beschäftigt – dann stellt er sich selbst in Positur neben Marianne, maßen er ja mit einem Selbstauslöser arbeitet. Und nachdem dieser tadellos funktionierte, gerät die Gruppe in Bewegung.

ZAUBERKÖNIG Halt! Da capo! Ich glaub, ich hab gewakkelt!

OSKAR Aber Papa!

ZAUBERKÖNIG Sicher ist sicher!

ERSTE TANTE Ach ja!

ZWEITE TANTE Das wär doch ewig schad!

ZAUBERKÖNIG Also da capo, da capo!

OSKAR Also gut! *Er beschäftigt sich wieder mit seinem Apparat – und wieder funktioniert der Selbstauslöser tadellos.*

ZAUBERKÖNIG Ich danke!

DIE GRUPPE *löst sich allmählich auf.*

ERSTE TANTE Lieber Herr Oskar, ich hätt ein großes Verlangen – geh, möchtens nicht mal die Kinderl allein abfotografieren, die sind doch heut so herzig –

OSKAR Aber mit Vergnügen! *Er gruppiert die Kinder und küßt die Kleinste.*

ZWEITE TANTE *zu Marianne:* Nein, mit welcher Liebe er das arrangiert. – Na wenn das kein braver Familienvater wird! Ein Kindernarr, ein Kindernarr! Unberufen! *Sie umarmt Marianne und gibt ihr einen Kuß.*

VALERIE *zu Alfred:* Also das ist der Chimborasso.

ALFRED Was für ein Chimborasso?

VALERIE Daß du dich nämlich diesen Herrschaften hier anschließt, wo du doch weißt, daß ich dabei bin – nach all dem, was zwischen uns passiert ist.

ALFRED Was ist denn passiert? Wir sind auseinander. Und noch dazu als gute Kameraden.

VALERIE Nein, du bist halt keine Frau – sonst würdest du meine Gefühle anders respektieren.

ALFRED Was für Gefühle? Noch immer?

VALERIE Als Frau vergißt man nicht so leicht. Es bleibt immer etwas in einem drinnen. Wenn du auch ein großer Gauner bist.

ALFRED Ich bitte dich, werde vernünftig.

VALERIE *plötzlich gehässig:* Das würde dir so passen! *Stille.*

ALFRED Darf sich der Gauner jetzt empfehlen?

VALERIE Wer hat ihn denn hier eingeladen?

ALFRED Sag ich nicht.

VALERIE Man kann sichs ja lebhaft vorstellen, nicht?

ALFRED *zündet sich eine Zigarette an.*

VALERIE Wo hat man sich denn kennengelernt? In der Puppenklinik?

ALFRED Halts Maul.

ZAUBERKÖNIG *nähert sich Alfred mit Erich:* Was höre ich? Die Herrschaften kennen sich noch nicht? Also darf ich bekannt machen: Das ist mein Neffe Erich, der Sohn meines Schwippschwagers aus zweiter Ehe – und das ist Herr Zentner. Stimmts?

ALFRED Gewiß.

ZAUBERKÖNIG Herr von Zentner!

ERICH *mit Brotbeutel und Feldflasche am Gürtel:* Sehr erfreut!

ZAUBERKÖNIG Erich ist ein Student. Aus Dessau.

ERICH Aus Kassel, Onkel.

ZAUBERKÖNIG Kassel oder Dessau – das verwechsel ich immer! *Er zieht sich zurück.*

ALFRED *zu Valerie:* Ihr kennt euch schon?

VALERIE Oh schon seit Ewigkeiten!

ERICH Ich hatte erst unlängst das Vergnügen. Wir hatten uns über das Burgtheater unterhalten und über den vermeintlichen Siegeszug des Tonfilms.

ALFRED Interessant! *Er verbeugt sich korrekt und zieht sich zurück; jetzt läßt eine Tante ihr Reisegrammophon singen:* »Wie eiskalt ist dies Händchen«.

ERICH *lauscht:* Bohème. Göttlicher Puccini!

MARIANNE *nun neben Alfred; sie lauscht:* Wie eiskalt ist dies Händchen –

ALFRED Das ist Bohème.

MARIANNE Puccini.

VALERIE *zu Erich:* Was kennen Sie denn für Operetten?

ERICH Aber das hat doch mit Kunst nichts zu tun!

VALERIE Geh, wie könnens denn nur so was sagen!

ERICH Kennen Sie die Brüder Karamasow?

VALERIE Nein.

ERICH Das ist Kunst.

MARIANNE *zu Alfred:* Ich wollte mal rhythmische Gymnastik studieren, und dann hab ich von einem eigenen Institut geträumt, aber meine Verwandtschaft hat keinen Sinn für so was. Papa sagt immer, die finanzielle Unabhängigkeit der Frau vom Mann ist der letzte Schritt zum Bolschewismus.

ALFRED Ich bin kein Politiker, aber glauben Sie mir: auch die finanzielle Abhängigkeit des Mannes von der Frau führt zu nichts Gutem. Das sind halt so Naturgesetze.

MARIANNE Das glaub ich nicht.

OSKAR *fotografiert nun den Zauberkönig allein, und zwar in verschiedenen Posen; das Reisegrammophon hat ausgesungen.*

ALFRED Fotografiert er gern, der Herr Bräutigam?

MARIANNE Das tut er leidenschaftlich. Wir kennen uns schon seit acht Jahren.

ALFRED Wie alt waren Sie denn damals? Pardon, das war jetzt nur eine automatische Reaktion!

MARIANNE Ich war damals vierzehn.

ALFRED Das ist nicht viel.

MARIANNE Er ist nämlich ein Jugendfreund von mir. Weil wir Nachbarskinder sind.

ALFRED Und wenn Sie jetzt keine Nachbarskinder gewesen wären?

MARIANNE Wie meinen Sie das?

ALFRED Ich meine, daß das halt alles Naturgesetze sind. Und Schicksal.

Stille.

MARIANNE Schicksal, ja. Eigentlich ist das nämlich gar nicht das, was man halt so Liebe nennt, vielleicht von seiner Seite aus, aber ansonsten – *Sie starrt Alfred plötzlich an.* Nein, was sag ich da, jetzt kenn ich Sie ja noch kaum – mein Gott, wie Sie das alles aus einem herausziehen –

ALFRED Ich will gar nichts aus Ihnen herausziehen. Im Gegenteil.

Stille.

MARIANNE Können Sie hypnotisieren?

OSKAR zu *Alfred:* Pardon! *Zu Marianne.* Darf ich bitten? *Er reicht ihr den Arm und geleitet sie unter eine schöne alte Baumgruppe, wo sich die ganze Gesellschaft bereits zum Picknick gelagert hat.*

ALFRED *folgt Oskar und Marianne und läßt sich ebenfalls nieder.*

ZAUBERKÖNIG Über was haben wir denn gerade geplauscht?

ERSTE TANTE Über die Seelenwanderung.

ZWEITE TANTE Was ist denn das für eine Geschicht, das mit der Seelenwanderung?

ERICH Das ist buddhistische Religionsphilosophie. Die Buddhisten behaupten, daß die Seele eines verstorbenen Menschen in ein Tier hineinfährt – zum Beispiel in einen Elefanten.

ZAUBERKÖNIG Verrückt!

ERICH Oder in eine Schlange.

ERSTE TANTE Pfui!

ERICH Wieso pfui? Das sind doch nur unsere kleinlichen menschlichen Vorurteile! So laßt uns doch mal die geheime Schönheit der Spinnen, Käfer und Tausendfüßler –

ZWEITE TANTE *unterbricht ihn:* Also nur nicht unappetit-
lich, bittschön!

ERSTE TANTE Mir ist schon übel –

ZAUBERKÖNIG Mir kann heut nichts den Appetit verder-
ben! Solche Würmer gibts gar nicht!

VALERIE Jetzt aber Schluß!

ZAUBERKÖNIG *erhebt sich und klopft mit dem Messer an
sein Glas:* Meine lieben Freunde! Zu guter Letzt war es
ja schon ein öffentliches Geheimnis, daß meine liebe
Tochter Mariann einen Blick auf meinen lieben Oskar
geworfen hat –

VALERIE Bravo!

ZAUBERKÖNIG Silentium, gleich bin ich fertig, und nun
haben wir uns hier versammelt, das heißt: ich hab euch
alle eingeladen, um einen wichtigen Abschnitt im Leben
zweier blühender Menschenkinder einfach, aber wür-
dig, in einem kleinen, aber auserwählten Kreise zu fei-
ern. Es tut mir nur heut in der Seele weh, daß Gott der
Allmächtige es meiner unvergeßlichen Gemahlin, der
Mariann ihrem lieben Mutterl selig, nicht vergönnt hat,
diesen Freudentag ihres einzigen Kindes mitzuerleben.
Ich weiß es aber ganz genau, sie steht jetzt sicher hinter
einem Stern droben in der Ewigkeit und schaut hier auf
uns herab. Und erhebt ihr Glas – *erhebt sein Glas* – um
ein aus dem Herzen kommendes Hoch auf das glückliche, nunmehr und hiermit offiziell verlobte Paar – das
junge Paar, Oskar und Marianne, es lebe hoch! Hoch!
Hoch!

ALLE Hoch! Hoch! Hoch!

IDA *jenes magere, herzige Mäderl, das seinerzeit Havli-
tscheks Blutwurst beanstandet hatte, tritt nun weißge-
kleidet mit einem Blumenstrauß vor das verlobte Paar
und rezitiert mit einem Sprachfehler:*
Die Liebe ist ein Edelstein,
Sie brennt jahraus, sie brennt jahrein

Und kann sich nicht verzehren,
Sie brennt, solang noch Himmelslicht
In eines Menschen Aug sich bricht,
Um drin sich zu verklären.

ALLE Bravo! Hoch! Gott, wie herzig!

IDA *überreicht Marianne den Blumenstrauß mit einem Knicks.*

ALLE *streicheln nun Ida und gratulieren dem verlobten Paar in aufgeräumtester Stimmung; das Reisegrammophon spielt nun den Hochzeitsmarsch, und der Zauberkönig küßt Marianne auf die Stirn und Oskar auf den Mund, dann wischt er sich die Tränen aus den Augen, und dann legt er sich in seine Hängematte.*

ERICH *hat eben mit seiner Feldflasche Bruderschaft mit Oskar getrunken:* Mal herhören, Leute! Oskar und Marianne! Ich gestatte mir nun aus dieser Feldflasche auf euer ganz Spezielles zu trinken! Glück und Gesundheit und viele brave deutsche Kinder! Heil!

VALERIE *angeheitert:* Nur keine Neger! Heil!

ERICH Verzeihen, gnädige Frau, aber über diesen Punkt vertrag ich keine frivolen Späße! Dieser Punkt ist mir heilig, Sie kennen meine Stellung zu unserem Rassenproblem.

VALERIE Ein problematischer Mensch. – Halt! So bleibens doch da, Sie komplizierter Mann, Sie –

ERICH Kompliziert. Wie meinen Sie das?

VALERIE Interessant –

ERICH Wieso?

VALERIE Ja glaubens denn, daß ich die Juden mag? Sie großes Kind – *Sie hängt sich ein in das große Kind und schleift es weg; man lagert sich nun im Wald und die kleinen Kindlein spielen und stören.*

OSKAR *singt zur Laute:*
Sei gepriesen, du lauschige Nacht,
Hast zwei Herzen so glücklich gemacht.

Und die Rosen im folgenden Jahr
Sahn ein Paar am Altar!
Auch der Klapperstorch blieb nicht lang aus,
Brachte klappernd den Segen ins Haus.
Und entschwand auch der liebliche Mai,
In der Jugend erblüht er neu!
*Er spielt das Lied nochmal, singt aber nicht mehr, son-
dern summt nur; auch alle anderen summen mit, außer
Alfred und Marianne.*

ALFRED *nähert sich nämlich Marianne:* Darf man noch
einmal gratulieren?

MARIANNE *schließt die Augen.*

ALFRED *küßt lange ihre Hand.*

OSKAR *hatte den Vorgang beobachtet, übergab seine Laute der zweiten Tante, schlich sich heran und steht nun
neben Marianne.*

ALFRED *korrekt:* Ich gratuliere!

OSKAR Danke.

ALFRED *verbeugt sich korrekt und will ab.*

OSKAR *sieht ihm nach:* Er beneidet mich um dich – ein
geschmackloser Mensch. Wer ist denn das überhaupt?

MARIANNE Ein Kunde.

OSKAR Schon lang?

MARIANNE Gestern war er da und wir sind ins Gespräch
gekommen – nicht lang, und dann hab ich ihn gerufen.
Er hat sich ein Gesellschaftsspiel gekauft.

VALERIE *schrill:* Was soll das Pfand in meiner Hand?

ERICH Das soll dreimal Muh schreien!

VALERIE Das ist die Tante Henriett, die Tante Henriett!

ERSTE TANTE *stellt sich in Positur und schreit:* Muh! Muh!
Muh!

Großes Gelächter.

VALERIE Und was soll das Pfand in meiner Hand?

ZAUBERKÖNIG Das soll dreimal Mäh schreien!

VALERIE Das bist du selber!

ZAUBERKÖNIG Mäh! Mäh! Mäh!

Brüllendes Gelächter.

VALERIE Und was soll das Pfand in meiner Hand?

ZWEITE TANTE Der soll etwas demonstrieren!

ERICH Was denn?

ZWEITE TANTE Was er kann!

VALERIE Oskar! Hast du gehört, Oskar? Du sollst uns etwas demonstrieren!

ERICH Was du willst!

ZAUBERKÖNIG Was du kannst!

Stille.

OSKAR Meine Damen und Herren, ich werde Ihnen etwas sehr Nützliches demonstrieren, nämlich ich hab mich mit der japanischen Selbstverteidigungsmethode beschäftigt. Mit dem sogenannten Jiu-Jitsu. Und nun passens bitte auf, wie man seinen Gegner spielend kampfunfähig machen kann – *Er stürzt sich plötzlich auf Marianne und demonstriert an ihr seine Griffe.*

MARIANNE *stürzt zu Boden:* Au! Au! Au! –

ERSTE TANTE Nein, dieser Rohling!

ZAUBERKÖNIG Bravo! Bravissimo!

OSKAR *zur ersten Tante:* Aber ich hab doch den Griff nur markiert, sonst hätt ich ihr doch das Rückgrat verletzt!

ERSTE TANTE Das auch noch!

ZAUBERKÖNIG *klopft Oskar auf die Schulter:* Sehr geschickt! Sehr einleuchtend!

ZWEITE TANTE *hilft Marianne beim Aufstehen:* Ein so zartes Frauerl. – Haben wir denn noch ein Pfand?

VALERIE Leider! Schluß. Aus!

ZAUBERKÖNIG Dann hätt ich ein Projekt! Jetzt gehen wir alle baden! Hinein in die kühle Flut! Ich schwitz eh schon wie ein gselchter Aff!

ERICH Eine ausgezeichnete Idee!

VALERIE Aber wo sollen sich denn die Damen entkleiden?

ZAUBERKÖNIG Nichts leichter als das! Die Damen rechts,

die Herren links! Also auf Wiedersehen in unserer schönen blauen Donau!

*Jetzt spielt das Reisegrammophon den Walzer »An der
schönen blauen Donau«, und die Damen verschwinden
rechts, die Herren links – Valerie und Alfred sind die
letzten.*

VALERIE Alfred!

ALFRED Bitte?

VALERIE *trällert die Walzermelodie nach und zieht ihre
Bluse aus.*

ALFRED Nun?

VALERIE *wirft ihm eine Kußhand zu.*

ALFRED Adieu!

VALERIE Moment! Gefällt dem Herrn Baron das Fräulein
Braut?

ALFRED *fixiert sie – geht dann rasch auf sie zu und hält
knapp vor ihr:* Hauch mich an!

VALERIE Wie komm ich dazu!

ALFRED Hauch mich an!

VALERIE *haucht ihn an.*

ALFRED Du Alkoholistin.

VALERIE Das ist doch nur ein Schwips, den ich da hab, du
Vegetarianer! Der Mensch denkt und Gott lenkt. Man
feiert doch nicht alle Tage Verlobung – und Entlobung,
du Schweinehund –

ALFRED Einen anderen Ton, wenn ich bitten darf!

VALERIE Daß du mich nicht anrührst, daß du mich nicht
anrührst –

ALFRED Toll! Als hätt ich dich schon jemals angerührt.

VALERIE Und am siebzehnten März?
Stille.

ALFRED Wie du dir alles merkst –

VALERIE Alles. Das Gute und das Böse – *Sie hält sich plötzlich die Bluse vor.* Geh! Ich möcht mich jetzt ausziehen!

ALFRED Als hätt ich dich nicht schon so gesehen –

VALERIE *kreischt:* Schau mich nicht so an! Geh! Geh!

ALFRED Hysterische Kuh – *Ab nach links.*

VALERIE *allein; sieht ihm nach:* Luder. Mistvieh. Dreck-sau. Bestie. *Sie zieht sich aus.*

ZAUBERKÖNIG *taucht im Schwimmanzug hinter dem Busch auf und sieht zu.*

VALERIE *hat nun nur mehr das Hemd, Schlüpfer und Strümpfe an, sie entdeckt den Zauberkönig:* Jesus Maria Josef! Oh du Hallodri! Mir scheint gar, du bist ein Voyeur –

ZAUBERKÖNIG Ich bin doch nicht pervers. Zieh dich nur ruhig weiter aus.

VALERIE Nein, ich hab doch noch mein Schamgefühl.

ZAUBERKÖNIG Geh, in der heutigen Zeit!

VALERIE Aber ich hab halt so eine verflixte Phantasie – *Sie trippelt hinter einen Busch.*

ZAUBERKÖNIG *läßt sich vor dem Busch nieder, entdeckt Valeries Korsett, nimmt es an sich und riecht daran:* Mit oder ohne Phantasie – diese heutige Zeit ist eine verkehrte Welt! Ohne Treu, ohne Glauben, ohne sittliche Grundsätz. Alles wackelt, nichts steht mehr fest. Reif für die Sintflut – *Er legt das Korsett wieder beiseite, denn es duftet nicht gerade überwältigend.* Ich bin nur froh, daß ich die Mariann angebracht hab, eine Fleischhauerei ist immer noch solid –

VALERIES STIMME Na und die Trafikantinnen?

ZAUBERKÖNIG Auch! Rauchen und Fressen werden die Leut immer – aber zaubern? Wenn ich mich so mit der Zukunft beschäftig, da wirds mir manchmal ganz pessimistisch. Ich habs ja überhaupt nicht leicht gehabt in meinem Leben, ich muß ja nur an meine Frau selig denken – diese ewige Schererei mit den Spezialärzten –

VALERIE *erscheint nun im Badetrikot; sie beschäftigt sich mit dem Schulterknöpfchen:* An was ist sie denn eigentlich gestorben?

ZAUBERKÖNIG *stiert auf ihren Busen:* An der Brust.

VALERIE Doch nicht Krebs?

ZAUBERKÖNIG Doch. Krebs.

VALERIE Ach, die Ärmste.

ZAUBERKÖNIG Ich war auch nicht zu beneiden. Man hat ihr die linke Brust wegoperiert – sie ist überhaupt nie gesund gewesen, aber ihre Eltern haben mir das verheimlicht. – Wenn ich dich daneben anschau: stattlich, also direkt königlich. – Eine königliche Person.

VALERIE *macht nun Rumpfbeugen:* Was wißt ihr Mannsbilder schon von der Tragödie des Weibes? Wenn wir uns nicht so herrichten und pflegen täten –

ZAUBERKÖNIG *unterbricht sie:* Glaubst du, ich muß mich nicht pflegen?

VALERIE Das schon. Aber bei einem Herrn sieht man doch in erster Linie auf das Innere – *Sie macht nun in rhythmischer Gymnastik.*

ZAUBERKÖNIG *sieht ihr zu und macht dann Kniebeugen.*

VALERIE Hach, jetzt bin ich aber müd! *Sie wirft sich neben ihn hin.*

ZAUBERKÖNIG Der sterbende Schwan. *Er nimmt neben ihr Platz.*

Stille.

VALERIE Darf ich meinen Kopf in deinen Schoß legen?

ZAUBERKÖNIG Auf der Alm gibts keine Sünd!

VALERIE *tut es:* Die Erd ist nämlich noch hart – heuer war der Winter lang.

Stille.

VALERIE *leise:* Du. Gehts dir auch so? Wenn die Sonn so auf meine Haut scheint, wirds mir immer so weißnichtwie –

ZAUBERKÖNIG Wie? Sags mir.

Stille.

VALERIE Du hast doch zuvor mit meinem Korsett gespielt?

Stille.

ZAUBERKÖNIG Na und?

VALERIE Na und?

ZAUBERKÖNIG *wirft sich plötzlich über sie und küßt sie.*

VALERIE Gott, was für ein Temperament – das hätt ich dir
gar nicht zugetraut – du schlimmer Mensch, du –

ZAUBERKÖNIG Bin ich sehr schlimm?

VALERIE Ja – nein, du! Halt, da kommt wer! *Sie kugeln
auseinander.*

ERICH *kommt in Badehose mit einem Luftdruckgewehr:*
Verzeihung, Onkel! Du wirst es doch gestatten, wenn
ich es mir jetzt gestatte, hier zu schießen?

ZAUBERKÖNIG Was willst du?

ERICH Schießen.

ZAUBERKÖNIG Du willst hier schießen?

ERICH Nach der Scheibe auf jener Buche dort. Übermorgen steigt nämlich das monatliche Preisschießen unseres
akademischen Wehrverbandes und da möchte ich es mir
nur gestatten, mich etwas einzuschießen. Also darf ich?

VALERIE Natürlich.

ZAUBERKÖNIG Natürlich? *Zu Valerie.* Natürlich! *Er erhebt sich.* Wehrverband! Sehr natürlich! Nur das Schießen nicht verlernen. – Ich geh mich jetzt abkühlen! In
unsere schöne blaue Donau! *Für sich.* Hängts euch auf!
Ab.

ERICH *ladet, zielt und schießt.*

VALERIE *sieht ihm zu; nach dem dritten Schuß:* Pardon,
wenn ich Sie molestiere – was studieren der junge Herr
eigentlich?

ERICH Jus. Drittes Semester. *Er zielt.* Arbeitsrecht.
Schuß.

VALERIE Arbeitsrecht. Ist denn das nicht recht langweilig?

ERICH *ladet:* Ich habe Aussicht, dereinst als Syndikus
mein Unterkommen zu finden. *Er zielt.* In der Industrie.
Schuß.

VALERIE Und wie gefällt Ihnen unsere Wiener Stadt?

ERICH   Herrliches Barock.

VALERIE   Und die süßen Wiener Maderln?

ERICH   Offen gesagt: Ich kann mit jungen Mädchen nichts
anfangen. Ich war nämlich schon mal verlobt und hatte
nur bittere Enttäuschungen, weil Käthe eben zu jung
war, um meinem Ich Verständnis entgegenbringen zu
können. Bei jungen Mädchen verschwendet man seine
Gefühle an die falsche Adresse. Dann schon lieber eine
reifere Frau, die einem auch etwas geben kann.
Schuß.

VALERIE   Wo wohnen Sie denn?

ERICH   Ich möchte gerne ausziehen.

VALERIE   Ich hätt ein möbliertes Zimmer.

ERICH   Preiswert?

VALERIE   Geschenkt.

ERICH   Das träfe sich ja famos.
Schuß.

VALERIE   Herr Syndikus – geh, lassens mich auch mal
schießen –

ERICH   Mit Vergnügen!

VALERIE   Ganz meinerseits. *Sie nimmt ihm das Gewehr ab.*
Waren Sie noch Soldat?

ERICH   Leider nein – ich bin doch Jahrgang 1911.

VALERIE   1911 – *Sie zielt lange.*

ERICH   *kommandiert:* Stillgestanden! Achtung! Feuer!

VALERIE   *schießt nicht – langsam läßt sie das Gewehr sin-
ken und sieht ihn ernst an.*

ERICH   Was ist denn los?

VALERIE   Au! *Sie krümmt sich plötzlich und wimmert.* Ich
hab so Stechen. – Meine arme Niere –
Stille.

ERICH   Kann ich Ihnen behilflich sein?

VALERIE   Danke. – Jetzt ist es schon wieder vorbei. Das ist
nämlich oft so, wenn ich mich freudig aufreg – ich muß
halt immer gleich büßen. Jetzt kann ich das Ziel nicht
mehr sehen –

ERICH *verwirrt:* Was für ein Ziel?

VALERIE Weil es halt schon dämmert – *Sie umarmt ihn und er läßt sich umarmen; ein Kuß.* Ein Ziel ist immer etwas Erstrebenswertes. Ein Mensch ohne Ziel ist kein Mensch. – Du – du – Neunzehnhundertelfer – –

IV
An der schönen blauen Donau

Nun ist die Sonne untergegangen, es dämmert bereits, und in der Ferne spielt der lieben Tante ihr Reisegrammophon den »Frühlingsstimmen-Walzer« von Johann Strauß.

ALFRED *in Bademantel und Strohhut – er blickt verträumt auf das andere Ufer.*

MARIANNE *steigt aus der schönen blauen Donau und erkennt Alfred.*
  Stille.

ALFRED *lüftet den Strohhut:* Ich wußte es, daß Sie hier landen werden.

MARIANNE Woher wußten Sie das?

ALFRED Ich wußt es.
  Stille.

MARIANNE Die Donau ist weich wie Samt –

ALFRED Wie Samt.

MARIANNE Heut möcht ich weit fort – heut könnt man im Freien übernachten.

ALFRED Leicht.

MARIANNE Ach, wir armen Kulturmenschen! Was haben wir von unserer Natur!

ALFRED Was haben wir aus unserer Natur gemacht? Eine Zwangsjacke. Keiner darf, wie er will.

MARIANNE Und keiner will, wie er darf.
  Stille.

ALFRED   Und keiner darf, wie er kann.

MARIANNE   Und keiner kann, wie er soll –

ALFRED   *umarmt sie mit großer Gebärde, und sie wehrt sich mit keiner Faser – ein langer Kuß.*

MARIANNE   *haucht:* Ich habs gewußt, ich habs gewußt –

ALFRED   Ich auch.

MARIANNE   Liebst du mich, wie du solltest –?

ALFRED   Das hab ich im Gefühl. Komm, setzen wir uns. *Sie setzen sich.*
Stille.

MARIANNE   Ich bin nur froh, daß du nicht dumm bist – ich bin nämlich von lauter dummen Menschen umgeben. Auch Papa ist kein Kirchenlicht – und manchmal glaub ich, er will sich durch mich an meinem armen Mutterl selig rächen. Die war nämlich sehr eigensinnig.

ALFRED   Du denkst zuviel.

MARIANNE   Jetzt gehts mir gut. Jetzt möcht ich singen. Immer, wenn ich traurig bin, möcht ich singen – *Sie summt und verstummt wieder.* Warum sagst du kein Wort?
Stille.

ALFRED   Liebst du mich?

MARIANNE   Sehr.

ALFRED   So wie du solltest? Ich meine, ob du mich vernünftig liebst?

MARIANNE   Vernünftig?

ALFRED   Ich meine, ob du keine Unüberlegtheiten machen wirst – denn dafür könnt ich keine Verantwortung übernehmen.

MARIANNE   Oh Mann, grübl doch nicht – grübl nicht, schau die Sterne – die werden noch droben hängen, wenn wir drunten liegen –

ALFRED   Ich laß mich verbrennen.

MARIANNE   Ich auch – du, o du – du –
Stille.

MARIANNE   Du – wie der Blitz hast du in mich eingeschlagen und hast mich gespalten – jetzt weiß ich es aber ganz genau.

ALFRED Was?

MARIANNE Daß ich ihn nicht heiraten werde –

ALFRED Mariann!

MARIANNE Was hast du denn?

Stille.

ALFRED Ich hab kein Geld.

MARIANNE Oh warum sprichst du jetzt davon?!

ALFRED Weil das meine primitivste Pflicht ist! Noch nie in meinem Leben hab ich eine Verlobung zerstört, und zwar prinzipiell! Lieben ja, aber dadurch zwei Menschen auseinanderbringen – nein! Dazu fehlt mir das moralische Recht! Prinzipiell!

Stille.

MARIANNE Ich hab mich nicht getäuscht, du bist ein feiner Mensch. Jetzt fühl ich mich doppelt zu dir gehörig – ich paß nicht zu Oskar und basta!

Es ist inzwischen finster geworden und nun steigen in der Nähe Raketen.

ALFRED Raketen. Deine Verlobungsraketen.

MARIANNE Unsere Verlobungsraketen.

ALFRED Und bengalisches Licht.

MARIANNE Blau, grün, gelb, rot –

ALFRED Sie werden dich suchen.

MARIANNE Sie sollen uns finden – bleib mir, du, dich hat mir der Himmel gesandt, mein Schutzengel –

Jetzt gibt es bengalisches Licht – blau, grün, gelb, rot – und beleuchtet Alfred und Marianne; und den Zauberkönig, der knapp vor ihnen steht mit der Hand auf dem Herzen.

MARIANNE *schreit unterdrückt auf.*

Stille.

ALFRED *geht auf den Zauberkönig zu:* Herr Zauberkönig –

ZAUBERKÖNIG *unterbricht ihn:* Schweigen Sie! Mir brauchen Sie nichts zu erklären, ich hab ja alles gehört – na, das ist ja ein gediegener Skandal! Am Verlobungstag –! Nacket herumliegen! Küß die Hand! Mariann! Zieh dich an! Daß nur der Oskar nicht kommt – Jesus Maria und ein Stückerl Josef!

ALFRED Ich trag natürlich sämtliche Konsequenzen, wenn es sein muß.

ZAUBERKÖNIG Sie haben da gar nichts zu tragen! Sie haben sich aus dem Staube zu machen, Sie Herr! Diese Verlobung darf nicht platzen, auch aus moralischen Gründen nicht! Daß mir keine Seele was erfährt, Sie Halunk – Ehrenwort!

ALFRED Ehrenwort!

MARIANNE Nein!!

ZAUBERKÖNIG *unterdrückt:* Brüll nicht! Bist du daneben? Zieh dich an, aber marsch-marsch! Du Badhur!

OSKAR *erscheint und überblickt die Situation:* Marianne! Marianne!

ZAUBERKÖNIG Krach in die Melon!
Stille.

ALFRED Das Fräulein Braut haben bis jetzt geschwommen.

MARIANNE Lüg nicht! So lüg doch nicht! Nein, ich bin nicht geschwommen, ich mag nicht mehr schwimmen! Ich laß mich von euch nicht mehr tyrannisieren. Jetzt bricht der Sklave seine Fessel – da! *Sie wirft Oskar den Verlobungsring ins Gesicht.* Ich laß mir mein Leben nicht verhunzen, das ist mein Leben! Gott hat mir im letzten Moment diesen Mann da zugeführt. – Nein, ich heirat dich nicht, ich heirat dich nicht, ich heirat dich nicht!! Meinetwegen soll unsere Puppenklinik verrekken, eher heut als morgen!

ZAUBERKÖNIG Das einzige Kind! Das werd ich mir merken!
Stille.

*Während zuvor Marianne geschrien hat, sind auch die
übrigen Ausflügler erschienen und horchen interessiert
und schadenfroh zu.*

OSKAR *tritt zu Marianne:* Mariann, ich wünsch dir nie,
daß du das durchmachen sollst, was jetzt in mir vorgeht
– und ich werde dich auch noch weiter lieben, du ent-
gehst mir nicht – und ich danke dir für alles. *Ab.*
Stille.

ZAUBERKÖNIG *zu Alfred:* Was sind Sie denn überhaupt?

ALFRED Ich?

VALERIE Nichts. Nichts ist er.

ZAUBERKÖNIG Ein Nichts. Das auch noch. Ich habe keine
Tochter mehr! *Ab mit den Ausflüglern – Alfred und Marianne bleiben allein zurück; jetzt scheint der Mond.*

ALFRED Ich bitte dich um Verzeihung.

MARIANNE *reicht ihm die Hand.*

ALFRED Daß ich dich nämlich nicht hab haben wollen –
dafür trägt aber nur mein Verantwortungsgefühl die
Verantwortung. Ich bin deiner Liebe nicht wert, ich
kann dir keine Existenz bieten, ich bin überhaupt kein
Mensch –

MARIANNE Mich kann nichts erschüttern. Laß mich aus
dir einen Menschen machen – du machst mich so groß
und weit –

ALFRED Und du erhöhst mich. Ich werd ganz klein vor dir
in seelischer Hinsicht.

MARIANNE Und ich geh direkt aus mir heraus und schau
mir nach – jetzt, siehst du, jetzt bin ich schon ganz weit
fort von mir – ganz dort hinten, ich kann mich kaum
mehr sehen. – Von dir möcht ich ein Kind haben –

Ende des ersten Teiles

Zweiter Teil

I

Wieder in der stillen Straße im achten Bezirk, vor Oskars Fleischhauerei, der Puppenklinik und Frau Valeries Tabak-Trafik. Die Sonne scheint wie dazumal und auch die Realschülerin im zweiten Stock spielt noch immer die »Geschichten aus dem Wiener Wald« von Johann Strauß.

HAVLITSCHEK *steht in der Tür der Fleischhauerei und frißt Wurst.*

DAS FRÄULEIN EMMA *ein Mädchen für alles, steht mit einer Markttasche neben ihm; sie lauscht der Musik:* Herr Havlitschek –

HAVLITSCHEK Ich bitte schön?

EMMA Musik ist doch etwas Schönes, nicht?

HAVLITSCHEK Ich könnt mir schon noch etwas Schöneres vorstellen, Fräulein Emma.

EMMA *summt leise den Walzer mit.*

HAVLITSCHEK Das tät nämlich auch von Ihnen abhängen, Fräulein Emma.

EMMA Mir scheint gar, Sie sind ein Casanova, Herr Havlitschek.

HAVLITSCHEK Sagens nur ruhig Ladislaus zu mir.
Pause.

EMMA Gestern hab ich von Ihrem Herrn Oskar geträumt.

HAVLITSCHEK Haben Sie sich nix Gescheiteres träumen können?

EMMA Der Herr Oskar hat immer so große melancholische Augen – es tut einem direkt weh, wenn er einen anschaut –

HAVLITSCHEK Das macht die Liebe.

EMMA Wie meinen Sie das jetzt?

HAVLITSCHEK Ich meine das jetzt so, daß er in ein nichts-
nutziges Frauenzimmer verliebt ist – die hat ihn nämlich sitzen lassen, schon vor einem Jahr, und ist sich mit
einem andern Nichtsnutzigen auf und davon.

EMMA Und er liebt sie noch immer? Das find ich aber
schön.

HAVLITSCHEK Das find ich blöd.

EMMA Aber eine große Leidenschaft ist doch was Roman-
tisches –

HAVLITSCHEK Nein, das ist etwas Ungesundes! Schauns
doch nur, wie er ausschaut, er quält sich ja direkt selbst –
es fallt ihm schon gar keine andere Frau mehr auf, und
derweil hat er Geld wie Heu und ist soweit auch ein
Charakter, der könnt doch für jeden Finger eine gute
Partie haben – aber nein! Akkurat auf die läufige Bestie
hat er sich versetzt – weiß der Teufel, was er treibt!

EMMA Wie meinen Sie das jetzt wieder, Herr Havlitschek?

HAVLITSCHEK Ich meine das so, daß man es nicht weiß,
wo er es hinausschwitzt.

EMMA O Sie garstiger Mann!
Pause.

HAVLITSCHEK Fräulein Emma. Morgen ist Freitag und ich
bin an der Endhaltestelle von der Linie achtundsechzig.

EMMA Ich kann aber nicht vor drei.

HAVLITSCHEK Das soll kein Hindernis sein.
Pause.

EMMA Also um halb vier – und vergessens aber nur ja
nicht, was Sie mir versprochen haben – daß Sie nämlich
nicht schlimm sein werden, lieber Ladislaus – *Ab.*

HAVLITSCHEK *sieht ihr nach und spuckt die Wursthaut
aus:* Dummes Luder, dummes –

OSKAR *tritt aus seiner Fleischhauerei:* Daß du es nur ja
nicht vergißt: wir müssen heut noch die Sau abstechen. –
Stichs du, ich hab heut keinen Spaß daran.
Pause.

HAVLITSCHEK Darf ich einmal ein offenes Wörterl reden, Herr Oskar?

OSKAR Dreht sichs um die Sau?

HAVLITSCHEK Es dreht sich schon um eine Sau, aber nicht um dieselbe Sau. – Herr Oskar, bittschön, nehmens Ihnen das nicht so zu Herzen, das mit Ihrer gewesenen Fräulein Braut, schauns, Weiber gibts wie Mist! Ein jeder Krüppel findet ein Weib und sogar die Geschlechtskranken auch! Und die Weiber sehen sich ja in den entscheidenden Punkten alle ähnlich, glaubens mir, ich meine es ehrlich mit Ihnen! Die Weiber haben keine Seele, das ist nur äußerliches Fleisch! Und man soll so ein Weib auch nicht schonend behandeln, das ist ein Versäumnis, sondern man soll ihr nur gleich das Maul zerreißen oder so!
Pause.

OSKAR Das Weib ist ein Rätsel, Havlitschek. Eine Sphinx. Ich hab mal der Mariann ihre Schrift zu verschiedenen Graphologen getragen – und der erste hat gesagt, also das ist die Schrift eines Vampirs, und der zweite hat gesagt, das ist eine gute Kameradin, und der dritte hat gesagt, das ist die ideale Hausfrau in persona. Ein Engel.

II
Möbliertes Zimmer im achtzehnten Bezirk

Äußerst preiswert. Um sieben Uhr morgens. Alfred liegt noch im Bett und raucht Zigaretten. Marianne putzt sich bereits die Zähne. In der Ecke ein alter Kinderwagen – auf einer Schnur hängen Windeln. Der Tag ist grau und das Licht trüb.

MARIANNE *gurgelt:* Du hast mal gesagt, ich sei ein Engel. Ich habe gleich gesagt, daß ich kein Engel bin – daß ich nur ein gewöhnliches Menschenkind bin, ohne Ambitionen. Aber du bist halt ein kalter Verstandesmensch.

ALFRED Du weißt, daß ich kein Verstandesmensch bin.

MARIANNE Doch! *Sie frisiert sich nun.* Ich müßt mir mal die Haar schneiden lassen.

ALFRED Ich auch.

Stille.

Marianderl. Warum stehst denn schon so früh auf?

MARIANNE Weil ich nicht schlafen kann.

Stille.

ALFRED Fühlst dich nicht gut in deiner Haut?

MARIANNE Du vielleicht? *Sie fixieren sich.*

ALFRED Wer hat mir denn die Rennplätz verleidet? Seit einem geschlagenen Jahr hab ich keinen Buchmacher mehr gesprochen, geschweige denn einen Fachmann – jetzt darf ich mich natürlich aufhängen! Neue Saisons, neue Favoriten! Zweijährige, dreijährige – ich hab keinen Kontakt mehr zur neuen Generation. Und warum nicht? Weil ich ausgerechnet eine Hautcreme verschleiß, die keiner kauft, weil sie miserabel ist!

MARIANNE Die Leut haben halt kein Geld.

ALFRED Nimm nur die Leut in Schutz!

MARIANNE Ich mach dir doch keine Vorwürf, du kannst doch nichts dafür.

ALFRED Das wäre ja noch schöner!

MARIANNE Als ob ich was für die wirtschaftliche Krise könnt!

ALFRED Oh du egozentrische Person. – Wer hat mir denn den irrsinnigen Rat gegeben, als Kosmetik-Agent herumzurennen? Du! *Er steht auf.* Wo stecken denn meine Sockenhalter?

MARIANNE *deutet auf einen Stuhl:* Dort.

ALFRED Nein.

MARIANNE Dann auf dem Nachtkastl.

ALFRED Nein.

MARIANNE Dann weiß ich es nicht.

ALFRED Du hast es aber zu wissen!

MARIANNE Nein, genau wie Papa –

ALFRED Vergleich mich nicht immer mit dem alten Trottel!

MARIANNE Nicht so laut! Wenn das Kind aufwacht, dann kenn ich mich wieder nicht aus vor lauter Geschrei!
Stille.

ALFRED Also das mit dem Kind muß auch anders werden. Wir können doch nicht drei Seelen hoch in diesem Loch vegetieren! Das Kind muß weg!

MARIANNE Das Kind bleibt da.

ALFRED Das Kind kommt weg.

MARIANNE Nein. Nie!
Stille.

ALFRED Wo stecken meine Sockenhalter?

MARIANNE *sieht ihn groß an:* Weißt du, was das heut für ein Datum ist?

ALFRED Nein.

MARIANNE Heut ist der Zwölfte.
Stille.

ALFRED Was willst du damit sagen?

MARIANNE Daß das heut ein Gedenktag ist. Heut vor einem Jahr hab ich dich zum erstenmal gesehen. In unserer Auslag.

ALFRED Ich bitt dich, red nicht immer in Hieroglyphen! Wir sind doch keine Ägypter! In was für einer Auslag?

MARIANNE Ich hab grad das Skelett arrangiert und da hast du an die Auslag geklopft. Und da hab ich die Rouleaus heruntergelassen, weil es mir plötzlich unheimlich geworden ist.

ALFRED Stimmt.

MARIANNE Ich war viel allein – *Sie weint leise.*

ALFRED   So flenn doch nicht schon wieder. – Schau, Ma-
    rianderl, ich versteh dich ja hundertperzentig mit dei-
    nem mütterlichen Egoismus, aber es ist doch nur im In-
    teresse unseres Kindes, daß es aus diesem feuchten Loch
    herauskommt – hier ist es grau und trüb, und draußen
    bei meiner Mutter in der Wachau scheint die Sonne.

MARIANNE   Das schon –

ALFRED   Na also!
    Stille.

MARIANNE   Über uns webt das Schicksal Knoten in unser
    Leben – *Sie fixiert plötzlich Alfred.* Was hast du jetzt
    gesagt?

ALFRED   Wieso?

MARIANNE   Du hast gesagt: dummes Kalb.

ALFRED   Aber was!

MARIANNE   Lüg nicht!

ALFRED   *putzt sich die Zähne und gurgelt.*

MARIANNE   Du sollst mich nicht immer beschimpfen.
    Stille.

ALFRED   *seift sich nun ein, um sich zu rasieren:* Liebes
    Kind, es gibt eben etwas, was ich aus tiefster Seel heraus
    haß – und das ist die Dummheit. Und du stellst dich
    schon manchmal penetrant dumm. Ich versteh das gar
    nicht, warum du so dumm bist! Du hast es doch schon
    gar nicht nötig, daß du so dumm bist!
    Stille.

MARIANNE   Du hast mal gesagt, daß ich dich erhöh – in
    seelischer Hinsicht –

ALFRED   Das hab ich nie gesagt. Das kann ich gar nicht
    gesagt haben. Und wenn, dann hab ich mich getäuscht.

MARIANNE   Alfred!

ALFRED   Nicht so laut! So denk doch an das Kind!

MARIANNE   Ich hab so Angst, Alfred –

ALFRED   Du siehst Gespenster.

MARIANNE   Du, wenn du jetzt nämlich alles vergessen hast –

ALFRED   Quatsch!

III
Kleines Café im zweiten Bezirk

DER HIERLINGER FERDINAND *spielt gegen sich selbst Billard.*

ALFRED *kommt.*

DER HIERLINGER FERDINAND Servus Alfred! Na das ist aber hübsch, daß ich dich wieder mal seh – was machst denn für ein fades Gesicht?

ALFRED Ich bin halt sehr nervös.

DER HIERLINGER FERDINAND Nervosität ist nie gut. Komm sei so gut und spiel mit mir, damit du auf andere Gedanken kommst – *Er reicht ihm ein Queue.* Bis fünfzig und du fangst an!

ALFRED Bon. *Er patzt.* Aus ist!

DER HIERLINGER FERDINAND *kommt dran:* Ist das jetzt wahr, daß du wieder ein Bankbeamter geworden bist?

ALFRED Ist ja alles überfüllt!

DER HIERLINGER FERDINAND Cherchez la femme! Wenn die Lieb erwacht, sitzt der Verstand im Hintern!

ALFRED Mein lieber Ferdinand – hier dreht es sich nicht um den kühlen Kopf, sondern um ein ganz anderes Organ – *Er legt seine Hand aufs Herz.* Es gibt ein Märchen von Andersen, wo der unartige Knabe dem guten alten Dichter mitten ins Herz schießt – Amor, lieber Ferdinand, Gott Amor!

DER HIERLINGER FERDINAND *ist in seine Serie vertieft:* Da hätt man buserieren solln –

ALFRED Ich bin halt ein weicher Mensch, und sie hat an meine Jugendideale appelliert. Zuerst war ja eine gewisse normale Leidenschaftlichkeit dabei – und dann, wie der ursprüngliche Reiz weg war, kam das Mitleid bei mir. Sie ist halt so ein Typ, bei dem der richtige Mann mütterlich wird, obwohl sie manchmal schon ein boshaftes Luder ist. Meiner Seel, ich glaub, ich bin ihr hörig!

DER HIERLINGER FERDINAND Hörigkeit ist eine Blutfrage. Eine Temperaturfrage des Blutes.

ALFRED Glaubst du?

DER HIERLINGER FERDINAND Bestimmt.

Stille.

DER HIERLINGER FERDINAND Du bist dran: Elf!

ALFRED *spielt nun.*

DER HIERLINGER FERDINAND Alfred! Weißt du aber auch, was meine Grenzen total übersteigt? Sich in der heutigen Krise auch noch ein Kind anzuschaffen –

ALFRED Gott ist mein Zeuge, daß ich nie ein Kind hab haben wollen, das hat nur sie haben wollen – und dann ist es halt so von allein gekommen. Ich wollte es ja gleich stante pede wegmachen lassen, aber sie hat sich schon direkt fanatisch dagegen gesträubt, und ich hab schon sehr energische Seiten aufziehen müssen, bis ich sie endlich so weit gehabt hab, daß sie sich der Prozedur unterzieht – kannst dir das Affentheater vorstellen! Eine kostspielige Prozedur war das, meiner Seel – und dann wars doch nur für die Katz! Pech muß der Mensch haben, und das genügt!

MARIANNE *erscheint.*

ALFRED *erblickt sie und ruft ihr zu:* Setz dich nur dorthin – ich spiel hier nur meine Partie zu End!

MARIANNE *setzt sich an einen Tisch und blättert in Modejournalen.*

Stille.

DER HIERLINGER FERDINAND Ist das deine Donna?

ALFRED Yes.

Stille.

DER HIERLINGER FERDINAND Also das wär deine Donna. Komisch. Jetzt lebt mein lieber guter Freund Alfred schon über ein Jahr mit so einem Frauerl zusammen und ich seh sie erst heut zum erstenmal. – Eigentlich machen das ja sonst nur die eifersüchtigen Bosniaken, daß sie

ihre Lieblingsweiber vor ihren besten Freunden weg-
sperren.

ALFRED Hier ist aber das Gegenteil der Fall. Nicht ich hab
sie, sondern sie hat mich von meinen besten Freunden
abgeriegelt –

DER HIERLINGER FERDINAND *unterbricht ihn:* Wie heißt
sie denn eigentlich?

ALFRED Marianne.
Stille.
Gefällts dir?

DER HIERLINGER FERDINAND Ich hab mir sie eigentlich
anders vorgestellt.

ALFRED Wieso?

DER HIERLINGER FERDINAND Etwas molliger.

ALFRED Noch molliger?

DER HIERLINGER FERDINAND Ich weiß nicht, warum.
Man macht sich ja unwillkürlich so Vorstellungen.
Stille.

ALFRED Sie ist ganz schön mollig. Molliger als wie du
denkst.
Stille.

DER HIERLINGER FERDINAND Scheißlich, scheißlich! Also
das war schon ein grandioser Blödsinn, daß du mit der
verrückten Trafikantin gebrochen hast! Du wärst heute
versorgt und ohne Sorgen!

ALFRED Über die Vergangenheit zu plauschen hat keinen
Sinn! Hilf mir lieber, daß ich möglichst schmerzlos für
alle Teile aus dieser unglückseligen Bindung heraus-
komm!

DER HIERLINGER FERDINAND Das ist nicht so einfach. Ihr
seid natürlich wirtschaftlich nicht auf Rosen gebettet.

ALFRED Auf Dornen, lieber Ferdinand! Auf Dornen und
Brennesseln, wie der alte selige Hiob.
Stille.

DER HIERLINGER FERDINAND Wo steckt denn das Kind?

ALFRED Bei meiner Mutter. Draußen in der Wachau. Endlich!

DER HIERLINGER FERDINAND Das erleichtert natürlich die Lage. Ich würd halt jetzt danach trachten, daß sich deine liebe Mariann ad eins finanziell selbständig sichert – daß sie sich nämlich irgendwie in das Berufsleben einschaltet: Eine Geliebte mit Beruf unterhöhlt auf die Dauer bekanntlich jede Liebesverbindung, sogar die Ehe! Das ist doch auch ein Hauptargument unserer Kirche in ihrem Kampfe gegen die berufstätige Frau, weil eine solche halt familienzerstörend wirkt – und glaubst denn du, daß die Kardinäl dumm sind? Das sind die Besten der Besten, unsere fähigsten Köpf!

ALFRED Das schon. Aber die Mariann hat doch nichts gelernt in puncto Berufsleben. Das einzige, wofür sie Interesse hat, ist die rhythmische Gymnastik.

DER HIERLINGER FERDINAND Rhythmische Gymnastik ist immer gut!

ALFRED Glaubst du?

DER HIERLINGER FERDINAND Bestimmt!

ALFRED Ich glaub, ich kann schon gar nicht mehr glauben.

DER HIERLINGER FERDINAND Rhythmische Gymnastik ist zu guter Letzt nur eine Abart der Tanzerei – und da winkt uns vielleicht ein Stern. Ich kenne nämlich auf dem Gebiete der Tanzerei eine Baronin mit internationalen Verbindungen und die stellt so Ballette zusammen für elegante Etablissements – das wären doch eventuell Entfaltungsmöglichkeiten! Abgesehen davon, daß mir diese Baronin sehr verpflichtet ist.

ALFRED Ich wär dir ja ewig dankbar –

DER HIERLINGER FERDINAND Ich bin dein Freund und das genügt mir! Weißt was, wenn ich jetzt gleich geh, dann erwisch ich die Baronin noch beim Bridge – also Servus, lieber Alfred! Sei so gut und leg den Schwarzen für mich aus! Und Kopf hoch, du hörst von mir, und es wird schon alles wieder gut! *Ab.*

ALFRED *nähert sich mit seinem Queue langsam Marianne und setzt sich an ihren Tisch.*

MARIANNE Wer hat denn gewonnen?

ALFRED Ich habe verloren, weil ich halt Glück in der Liebe hab – *Er lächelt, starrt aber plötzlich auf ihren Hals.* Was hast denn dort?

MARIANNE Da? Das ist ein Amulett.

ALFRED Was für ein Amulett?

MARIANNE Der heilige Antonius.

ALFRED Der heilige Antonius – seit wann denn?
Stille.

MARIANNE Als ich noch klein gewesen bin, und wenn ich etwas verloren hab, dann hab ich nur gesagt: Heiliger Antonius, hilf mir doch! – Und schon hab ich es wieder gefunden.
Stille.

ALFRED War das jetzt symbolisch?

MARIANNE Es war nur so überhaupt –
Stille.

ALFRED Ich für meine Person glaub ja nicht an ein Fortleben nach dem Tode, aber natürlich glaub ich an ein höheres Wesen, das gibt es nämlich sicher, sonst gäbs uns ja nicht. – Hör mal her, du heiliger Antonius, ich hätt dir was eventuell Wichtiges zu erzählen. –

IV

Bei der Baronin mit den internationalen Verbindungen

Helene, die blinde Schwester der Baronin, sitzt im Salon am Spinett und phantasiert. Jetzt erscheint der Hierlinger Ferdinand mit Marianne, geleitet von dem Dienstbot.

HELENE *unterbricht ihre Phantasien:* Anna! Wer ist denn da?

DER DIENSTBOT Der gnädige Herr von Hierlinger und ein Fräulein. *Ab.*

DER HIERLINGER FERDINAND Küß die Hand, Komteß!

HELENE *erhebt sich und tappt auf ihn zu:* Ach guten Tag, Herr von Hierlinger! Das freut mich aber, daß wir uns wiedermal sehen –

DER HIERLINGER FERDINAND Ganz meinerseits, Komteß! Ist die Baronin da?

HELENE Ja, meine Schwester ist zu Haus, sie hat aber grad mit dem Installateur zu tun – ich hab nämlich neulich etwas Unrechtes in den Ausguß geworfen, und jetzt ist alles verstopft – wen habens denn da mitgebracht, Herr von Hierlinger?

DER HIERLINGER FERDINAND Das ist eine junge Dame, die ein starkes Interesse an der rhythmischen Gymnastik hat – ich hab sie der Baronin bereits avisiert. Darf ich bekannt machen –

HELENE *unterbricht ihn:* Oh, sehr angenehm! Ich kann Sie ja leider nicht sehen, aber Sie haben eine sympathische Hand. – So lassens mir doch Ihre Hand, Sie Fräulein mit der Hand –

DER HIERLINGER FERDINAND Die Komteß Helen kann nämlich ganz exorbitant handlesen.
Stille.

MARIANNE Was hab ich denn für eine Hand?

HELENE *hält noch immer ihre Hand fest:* Das ist nicht so einfach, liebes Kind, wir Blinden müssen uns nämlich nach dem Tastgefühl orientieren. – Sie haben noch nicht viel hinter sich, mehr vor sich –

MARIANNE Was denn?

BARONIN *mit kosmetischer Gesichtsmaske tritt unbemerkt ein und lauscht.*

HELENE Ich möcht fast sagen, das ist eine genießerische Hand. – Sie haben doch auch ein Kind, nicht?

MARIANNE Ja.

DER HIERLINGER FERDINAND Fabelhaft! Fabelhaft!

HELENE Bub oder Mädel?

MARIANNE Bub.

Stille.

HELENE Ja, Sie werden noch viel Freud haben mit dem Buben – der wird schon noch was Richtiges –

MARIANNE *lächelt:* Wirklich?

BARONIN Helen! Was treibst denn da schon wieder für einen Unsinn! Bist doch keine Zigeunerin! Schau lieber, daß du nicht wieder das Klosett verstopfst, mein Gott, ist das da draußen eine Schweinerei! Du und Handlesen! Ist ja paradox! *Sie nimmt die Gesichtsmaske ab.*

HELENE O, ich hab meine Ahnungen!

BARONIN Hättest du lieber eine Ahnung gehabt in puncto Klosett! Die Schweinerei kostet mich wieder fünf Schilling! Wer lebt denn da, wer lebt denn da?! Ich von dir oder du von mir?!

Stille.

BARONIN Also lieber Hierlinger, das wäre also das Fräulein, über das wir vorgestern telephoniert haben.

DER HIERLINGER FERDINAND Das wäre es. *Leise.* Und bittschön: Gefälligkeit gegen Gefälligkeit.

BARONIN *droht ihm neckisch mit dem Zeigefinger:* Kleine Erpressung gefällig?

DER HIERLINGER FERDINAND Der Zeigefinger hat mir nicht gefallen, der Zeigefinger –

BARONIN Ein Ehrenmann – *Sie läßt ihn giftig stehen und geht nun um Marianne herum – betrachtet sie von allen Seiten.* Hm. Sagen Sie, Fräulein, Sie haben also starkes Interesse an der rhythmischen Gymnastik?

MARIANNE Ja.

BARONIN Und Sie möchten dieses Ihr vorhandenes Interesse praktisch auswerten?

MARIANNE Ja.

BARONIN Können Sie singen?

MARIANNE Singen?

BARONIN Ich geh von dem Grundsatz aus, daß es ein Nichtkönnen nicht gibt. Man kann alles, wenn man nur will! Die Tanzgruppen, die ich zusammenstell, sind internationale Attraktionen für erstklassige Vergnügungsetablissements. Sie können also nicht singen?

MARIANNE Leider –

BARONIN Habens denn in der Schul nicht singen gelernt?

MARIANNE Das schon.

BARONIN Na also! Ich möcht doch nur Ihre Stimm hören! Kennens denn kein Wienerlied, Sie sind doch Wienerin – irgendein Heimatlied –

MARIANNE Vielleicht das Lied von der Wachau?

BARONIN Also schön! Los! Das Lied von der Wachau!

MARIANNE *singt – am Spinett: Helene:*
>   Es kam einst gezogen ein Bursch ganz allein
>   Und wanderte froh in den Abend hinein.
>   Da flog ein Lächeln ihm zu und ein Blick.
>   Er dachte noch lange daran zurück.
>   Ein rosiges Antlitz, ein goldener Schopf,
>   Zwei leuchtende Augen, ein Mädchenkopf.
>   Das Mädel, das ging ihm nicht mehr aus dem Sinn,
>   Und oft sang er vor sich hin:
>>   Da draußen in der Wachau
>>   Die Donau fließt so blau,
>>   Steht einsam ein Winzerhaus,
>>   Da schaut ein Mädel heraus.
>>   Hat Lippen rot wie Blut,
>>   Und küssen kanns so gut,
>>   Die Augen sind veilchenblau
>>   Vom Mädel in der Wachau.

V
Draußen in der Wachau

Auch hier scheint die Sonne wie dazumal – nur daß nun vor dem Häuschen ein alter Kinderwagen steht.

DIE MUTTER *zu Alfred:* Er sieht dir sehr ähnlich, der kleine Leopold – und schreit auch nicht viel. Auch du warst so ein sanftes Kind.

ALFRED Ich freu mich nur, daß ich ihn nicht in Wien hab. Hier heraußen in der guten Luft wird er besser gedeihen, als wie drinnen in unserer Kasern.

DIE MUTTER Tritt die Mariann jetzt schon auf beim Ballett?

ALFRED Nein, erst ab nächsten Samstag.
Stille.

DIE MUTTER *besorgt:* Du hast mal gesagt, wenn du ein Kind hast, dann würdest du heiraten. Ist das noch so?

ALFRED Du hast mal gesagt, ich könnt eine gute Partie machen.
Stille.

DIE MUTTER Natürlich ist das kein Glück, diese Verbindung.

ALFRED Könnt ich jetzt mal die liebe Großmutter sprechen?

DIE MUTTER Ich werds ihr gleich sagen – ich muß jetzt sowieso noch in den Keller. *Ab in das Häuschen.*

ALFRED *allein; er beugt sich über den Kinderwagen und betrachtet sein Kind.*

DIE GROSSMUTTER *tritt aus dem Häuschen:* Der Herr wünschen?

ALFRED Hast es dir nun überlegt?

DIE GROSSMUTTER Ich hab kein Geld. Solang du mit der Person zusammenlebst, hab ich kein Geld! Lebt sich da in wilder Ehe zusammen, wie in einem Hundestall, setzt

Bankerten in die Welt, die nur anderen zur Last fallen, und schämt sich nicht, von seiner alten Großmutter noch Geld zu verlangen! Keinen Kreuzer! Keinen Kreuzer!

ALFRED Letztes Wort?

DIE GROSSMUTTER Hundestall! Hundestall!

ALFRED Du alte Hex.

Stille.

DIE GROSSMUTTER Was hast du gesagt?

ALFRED *schweigt.*

DIE GROSSMUTTER Traust es dir noch einmal zu sagen?

ALFRED Warum nicht?

DIE GROSSMUTTER So sags doch!

ALFRED Hex. Alte Hex.

DIE GROSSMUTTER *nähert sich ihm langsam und kneift ihn in den Arm.*

ALFRED *lächelt:* Wie bitte?

DIE GROSSMUTTER *kneift ihn:* Na wart, du wirst es schon noch spüren! Da und da und da!

ALFRED *schüttelt sie ab, da er nun tatsächlich was spürt:* Um mir weh zu tun, dazu gehören Leut, aber keine Frösch!

DIE GROSSMUTTER *weint vor Wut:* Gib mir mein Geld zurück, du Schuft! Mein Geld möcht ich haben, Haderlump, Verbrecher!

ALFRED *lacht.*

DIE GROSSMUTTER *kreischt:* Lach nicht! *Sie versetzt ihm einen Hieb mit ihrem Krückstock.*

ALFRED Au!

Stille.

DIE GROSSMUTTER *grinst befriedigt:* Hast mich gespürt? Hast mich jetzt gespürt?

ALFRED Du Hex. Du alte Hex.

DIE GROSSMUTTER *hebt triumphierend den Krückstock.*

ALFRED Untersteh dich!

DIE GROSSMUTTER   Hab nur keine Angst – du dummer Bub. Oh, ich krieg dich schon noch runter – ich krieg meine Leut schon noch runter. – Eieiei, da hängt dir ja schon wieder ein Knopf – wie kann man sich nur mit so einer schlamperten Weibsperson –

ALFRED   *unterbricht sie:* Also schlampert ist sie nicht!
Stille.

DIE GROSSMUTTER   Sie hat einen viel zu großen Mund.

ALFRED   Geschmacksach!

DIE GROSSMUTTER   Wart, ich näh dir jetzt nur den Knopf an – *Sie näht ihn an.* Was brauchst du überhaupt eine Frau, so wie deine alte Großmutter wird dir keine den Knopf annähen – bist es ja gar nicht wert, daß man sich um dich sorgt – schafft sich mit dem Bettelweib auch noch ein Kind an, ein Kind!

ALFRED   Aber das kann doch vorkommen.

DIE GROSSMUTTER   So ein Leichtsinn, so ein Leichtsinn!

ALFRED   Du weißt doch, daß ich alle Hebel in Bewegung gesetzt hab – aber es sollte halt nicht sein.
Stille.

DIE GROSSMUTTER   Bist ein armer Teufel, lieber Alfred –

ALFRED   Warum?

DIE GROSSMUTTER   Daß du immer solchen Weibern in die Händ fallen mußt –
Stille.

DIE GROSSMUTTER   Du, Alfred, wenn du dich jetzt von deinem Marianderl trennst, dann tät ich dir was leihen –
Stille.

ALFRED   Wieso?

DIE GROSSMUTTER   Hast mich denn nicht verstanden?
Stille.

ALFRED   Wieviel?

DIE GROSSMUTTER   Bist doch noch jung und schön –

ALFRED   *deutet auf den Kinderwagen:* Und das dort?

DIE GROSSMUTTER   An das denk jetzt nicht. Fahr nur mal fort –

Stille.

ALFRED Wohin?

DIE GROSSMUTTER Nach Frankreich. Dort gehts jetzt noch am besten, hab ich in der Zeitung gelesen. – Wenn ich jung wär, ich tät sofort nach Frankreich –

VI
Und wieder in der stillen Straße im achten Bezirk

Es ist bereits am späten Nachmittag und die Realschülerin im zweiten Stock spielt den »Frühlingsstimmen-Walzer« von Johann Strauß.

OSKAR *steht in der Tür seiner Fleischhauerei und maniküurt sich mit seinem Taschenmesser.*

RITTMEISTER *kommt von links und grüßt Oskar.*

OSKAR *verbeugt sich.*

RITTMEISTER Also das muß ich schon sagen: die gestrige Blutwurst – Kompliment! First class!

OSKAR Zart, nicht?

RITTMEISTER Ein Gedicht. *Er nähert sich der Tabak-Trafik.*

VALERIE *erscheint in der Tür ihrer Tabak-Trafik.*

RITTMEISTER *grüßt.*

VALERIE *dankt.*

RITTMEISTER Dürft ich mal die Ziehungsliste?

VALERIE *reicht sie ihm aus dem Ständer vor der Tür.*

RITTMEISTER Küß die Hand! *Er vertieft sich in die Ziehungsliste und nun ist der Walzer aus.*

ZAUBERKÖNIG *begleitet die gnädige Frau aus der Puppenklinik.*

DIE GNÄDIGE FRAU Ich hatte hier schon mal Zinnsoldaten gekauft, voriges Jahr – aber damals ist das ein sehr höfliches Fräulein gewesen.

ZAUBERKÖNIG *mürrisch:* Möglich.

DIE GNÄDIGE FRAU Das Fräulein Tochter?

ZAUBERKÖNIG Ich habe keine Tochter! Ich hab noch nie eine Tochter gehabt!

DIE GNÄDIGE FRAU Schad. Also Sie wollen mir die Schachtel Zinnsoldaten nicht nachbestellen?

ZAUBERKÖNIG Ich hab das Ihnen doch schon drinnen gesagt, daß mir diese Nachbestellerei viel zu viel Schreiberei macht – wegen einer einzigen Schachtel! Kaufens doch dem herzigen Bams was ähnliches! Vielleicht eine gediegene Trompeten!

DIE GNÄDIGE FRAU Nein! Adieu! *Sie läßt ihn verärgert stehen und ab.*

ZAUBERKÖNIG Küß die Hand! Krepier! *Ab in seine Puppenklinik.*

VALERIE *boshaft:* Was haben wir denn wieder gewonnen, Herr Rittmeister?

ERICH *tritt aus der Tabak-Trafik und will rasch ab.*

VALERIE Halt! Was hast du da?

ERICH Fünf Memphis.

VALERIE Schon wieder? Raucht wie ein Erwachsener!

RITTMEISTER UND OSKAR *horchen.*

ERICH *gedämpft:* Wenn ich nicht rauche, kann ich nicht arbeiten. Wenn ich nicht arbeite, werde ich niemals Referendar – und wenn ich das nicht werde, dann werde ich wohl kaum jemals in die Lage kommen, meine Schulden rückerstatten zu können.

VALERIE Was für Schulden?

ERICH Das weißt du! Ich bin korrekt, Madame.

VALERIE Korrekt? Du willst mir schon wieder weh tun?

ERICH Weh tun? Ehrensache! Ich zahle meine Schulden bis auf den letzten Pfennig – und wenn ich hundert Jahr zahlen müßte! Wir lassen uns nichts nachsagen, Ehrensache! Ich muß jetzt ins Kolleg! *Ab.*

VALERIE *starrt ihm nach:* Ehrensache. Bestie –

RITTMEISTER UND OSKAR *grinsen, jeder für sich.*

RITTMEISTER *revanchiert sich boshaft:* Und wie gehts ansonsten, liebe Frau Valerie?

ERICH *erscheint plötzlich wieder; zum Rittmeister:* Sie haben zuvor gegrinst? Herr!

VALERIE *ängstlich:* Kennen sich die Herren schon?

RITTMEISTER Vom Sehen aus –

ERICH Sie sind Österreicher? Fesch, aber feig!

VALERIE Erich!

RITTMEISTER Was hat er gesagt?

ERICH Ich habe gesagt, daß die Österreicher im Krieg
schlappe Kerle waren und wenn wir Preußen nicht gewesen wären –

RITTMEISTER *fällt ihm ins Wort:* Dann hätten wir überhaupt keinen Krieg gehabt!

ERICH Und Sarajevo? Und Bosnien-Herzegowina?

RITTMEISTER Was wissen denn Sie schon vom Weltkrieg,
Sie Grünschnabel?! Was Sie in der Schul gelernt haben
und sonst nichts!

ERICH Ist immer noch besser, als alten Jüdinnen das
Bridgespiel beizubringen!

VALERIE Erich!

RITTMEISTER Ist immer noch besser, als sich von alten
Trafikantinnen aushalten zu lassen!

VALERIE Herr Rittmeister!

RITTMEISTER Pardon! Das war jetzt ein Fauxpas! Ein
Lapsus linguae – *Er küßt ihre Hand.* Bedauerlich, sehr
bedauerlich. Aber dieser grüne Mensch da hat in seinem ganzen Leben noch keine fünf Groschen selbständig verdient!

ERICH Herr!

VALERIE Nur kein Duell, um Gottes willen!

ERICH Satisfaktionsfähig wären Sie ja.

RITTMEISTER Wollen Sie vors Ehrengericht?

VALERIE Jesus Maria Josef!

ERICH   Ich laß mich doch nicht beleidigen!

RITTMEISTER   Mich kann man gar nicht beleidigen! Sie nicht!

VALERIE   Aber ich bitt euch! Nein, dieser Skandal – *Schluchzend ab in ihre Tabak-Trafik.*

RITTMEISTER   Ich laß mir doch von diesem Preußen keine solchen Sachen sagen. Wo waren denn Ihre Hohenzollern, als unsere Habsburger schon römisch-deutsche Kaiser waren?! Draußen im Wald!

ERICH   Jetzt ist es ganz aus. *Ab.*

RITTMEISTER   *ruft ihm nach:* Da habens zwanzig Groschen und lassen Sie sich mal den Schopf abschneiden, Sie Kakadu! *Er kehrt um und will leger nach links ab – hält aber nochmals vor der Fleischhauerei; zu Oskar.* Apropos, was ich noch hab sagen wollen: Sie schlachten doch heut noch die Sau?

OSKAR   Ich habs vor, Herr Rittmeister.

RITTMEISTER   Geh, reservierens für mich ein schönes Stückerl Nieren –

OSKAR   Aber gern, Herr Rittmeister!

RITTMEISTER   Küß die Hand! *Ab nach links – und nun spielt die Realschülerin im zweiten Stock wieder, und zwar den Walzer »Über den Wellen«.*

ALFRED   *kommt langsam von links.*

OSKAR   *wollte zurück in seine Fleischhauerei, erblickt nun aber Alfred, der ihn nicht bemerkt, und beobachtet ihn heimlich.*

ALFRED   *hält vor der Puppenklinik und macht in Erinnerung – dann stellt er sich vor die offene Tür der Tabak-Trafik und starrt hinein.*
Pause.

ALFRED   *grüßt.*
Pause.

VALERIE   *erscheint langsam in der Tür – und der Walzer bricht wieder ab, wieder mitten im Takt.*

Stille.

ALFRED Könnt ich fünf Memphis haben?

VALERIE Nein.

Stille.

ALFRED Das ist aber doch hier eine Tabak-Trafik – oder?

VALERIE Nein.

Stille.

ALFRED Ich komm jetzt hier nur so vorbei, per Zufall –

VALERIE Ach!

ALFRED Ja.

Stille.

VALERIE Und wie geht es dem Herrn Baron?

ALFRED So lala.

VALERIE Und dem Fräulein Braut?

ALFRED Auch lala.

VALERIE Ach!

Stille.

ALFRED Und dir gehts unberufen?

VALERIE Man hat, was man braucht.

ALFRED Alles?

VALERIE Alles. Er ist Jurist.

ALFRED Und so was wird mal Advokat.

VALERIE Bitte?

ALFRED Ich gratulier.

Stille.

VALERIE Wo steckt denn die arme Mariann?

ALFRED Ich werd sie wohl aus den Augen verlieren –

Stille.

VALERIE Also du bist schon ein grandioser Schuft, das muß dir dein größter Feind lassen.

ALFRED Valerie. Wer unter euch ohne Sünden ist, der werfe den ersten Stein auf mich.

VALERIE Bist du krank?

ALFRED Nein. Nur müd. Und gehetzt. Man ist ja nicht mehr der Jüngste.

VALERIE Seit wann denn?

ALFRED Ich fahr noch heut abend nach Frankreich. Nach Nancy. Ich denk nämlich, daß ich dort vielleicht was Passenderes für mich bekommen werd, in der Speditionsbranche – hier müßt ich heut nämlich zu sehr unter mein Niveau herunter.

VALERIE Und was machen denn die Pferdchen?

ALFRED Keine Ahnung! Und dann fehlt mir auch das Kapital –

Stille.

VALERIE Wenn ich Zeit hab, werd ich dich bedauern.

ALFRED Möchst, daß es mir schlecht geht?

VALERIE Gehts dir denn rosig?

ALFRED Möchst das hören?

Stille.

ALFRED Ich bin jetzt hier nur so vorbeigegangen, per Zufall – so aus einer wehmütigen Melancholie heraus – an die Stätten der Vergangenheit – *Ab – und nun wird der Walzer »Über den Wellen« wieder weitergespielt.*

VALERIE *erblickt Oskar:* Herr Oskar! Jetzt ratens doch mal, mit wem ich grad dischkuriert hab?

OSKAR Ich hab ihn gesehen.

VALERIE So? Es geht ihnen schlecht.

OSKAR Ich hab alles gehört.

Pause.

VALERIE Noch ist er stolz wie ein Spanier –

OSKAR Hochmut kommt vor dem Fall. – Arme Mariann –

VALERIE Mir scheint gar, Sie sind imstand und heiraten noch die Mariann, jetzt nachdem sie wieder frei ist –

OSKAR Wenn sie das Kind nicht hätt –

VALERIE Wenn mir jemand das angetan hätt –

OSKAR Ich hab sie noch immer lieb – vielleicht stirbt das Kind –

VALERIE Herr Oskar!

OSKAR Wer weiß! Gottes Mühlen mahlen langsam, mahlen aber furchtbar klein. Ich werd an meine Mariann denken – ich nehme jedes Leid auf mich, wen Gott liebt, den prüft er. – Den straft er. Den züchtigt er. Auf glühendem Rost, in kochendem Blei –

VALERIE *schreit ihn an:* Hörens auf, seiens so gut!

OSKAR *lächelt.*

HAVLITSCHEK *kommt aus der Fleischhauerei:* Also was ist jetzt? Soll ich jetzt die Sau abstechen oder nicht?

OSKAR Nein, Havlitschek. Ich werd sie jetzt schon selber abstechen, die Sau –

Jetzt läuten die Glocken.

VII
Im Stephansdom

Vor dem Seitenaltar des heiligen Antonius. Marianne beichtet. Die Glocken verstummen und es ist sehr still auf der Welt.

BEICHTVATER Also rekapitulieren wir: Du hast deinem armen alten Vater, der dich über alles liebt und der doch immer nur dein Bestes wollte, schmerzlichstes Leid zugefügt, Kummer und Sorgen, warst ungehorsam und undankbar – hast deinen braven Bräutigam verlassen und hast dich an ein verkommenes Subjekt geklammert, getrieben von deiner Fleischeslust – still! Das kennen wir schon! Und so lebst du mit jenem erbärmlichen Individuum ohne das heilige Sakrament der Ehe schon über das Jahr, und in diesem grauenhaften Zustand der Todsünde hast du dein Kind empfangen und geboren – wann?

MARIANNE Vor acht Wochen.

BEICHTVATER Und du hast dieses Kind der Schande und der Sünde nicht einmal taufen lassen. – Sag selbst: kann denn bei all dem etwas Gutes herauskommen? Nie und nimmer! Doch nicht genug! Du bist nicht zurückgeschreckt und hast es sogar in deinem Mutterleib töten wollen –

MARIANNE Nein, das war er! Nur ihm zulieb hab ich mich dieser Prozedur unterzogen!

BEICHTVATER Nur ihm zulieb?

MARIANNE Er wollte doch keine Nachkommen haben, weil die·Zeiten immer schlechter werden und zwar voraussichtlich unabsehbar – aber ich – nein, das brennt mir in der Seele, daß ich es hab abtreiben wollen, ein jedesmal, wenn es mich anschaut –
Stille.

BEICHTVATER Ist das Kind bei euch?

MARIANNE Nein.

BEICHTVATER Sondern?

MARIANNE Bei Verwandten. Draußen in der Wachau.

BEICHTVATER Sind das gottesfürchtige Leut?

MARIANNE Gewiß.
Stille.

BEICHTVATER Du bereust es also, daß du es hast töten wollen?

MARIANNE Ja.

BEICHTVATER Und auch, daß du mit jenem entmenschten Subjekt in wilder Ehe zusammenlebst?
Stille.

MARIANNE Ich dachte mal, ich hätte den Mann gefunden, der mich ganz und gar ausfüllt. –

BEICHTVATER Bereust du es?
Stille.

MARIANNE Ja.

BEICHTVATER Und daß du dein Kind im Zustand der Todsünde empfangen und geboren hast – bereust du das?
Stille.

MARIANNE Nein. Das kann man doch nicht –

BEICHTVATER Was sprichst du da?

MARIANNE Es ist doch immerhin mein Kind –

BEICHTVATER Aber du –

MARIANNE *unterbricht ihn:* Nein, das tu ich nicht. – Nein, davor hab ich direkt Angst, daß ich es bereuen könnt. – Nein, ich bin sogar glücklich, daß ich es hab, sehr glücklich –
Stille.

BEICHTVATER Wenn du nicht bereuen kannst, was willst du dann von deinem Herrgott?

MARIANNE Ich dachte, mein Herrgott wird mir vielleicht etwas sagen –

BEICHTVATER Du kommst also nur dann zu Ihm, wenn es dir schlecht geht?

MARIANNE Wenn es mir gut geht, dann ist Er ja bei mir – aber nein, das kann Er doch nicht von mir verlangen, daß ich das bereu – das wär ja wider jede Natur –

BEICHTVATER So geh! Und komme erst mit dir ins reine, ehe du vor unseren Herrgott trittst. – *Er schlägt das Zeichen des Kreuzes.*

MARIANNE Dann verzeihen Sie. – *Sie erhebt sich aus dem Beichtstuhl, der sich nun auch in der Finsternis auflöst – und nun hört man das Gemurmel einer Litanei; allmählich kann man die Stimme des Vorbeters von den Stimmen der Gemeinde unterscheiden; Marianne lauscht – die Litanei endet mit einem Vaterunser; Marianne bewegt die Lippen.*
Stille.

MARIANNE Amen.
Stille.

MARIANNE Wenn es einen lieben Gott gibt – was hast du mit mir vor, lieber Gott? – Lieber Gott, ich bin im achten Bezirk geboren und hab die Bürgerschul besucht,

ich bin kein schlechter Mensch – hörst du mich? – Was
hast du mit mir vor, lieber Gott? –
Stille.

Ende des zweiten Teiles

Dritter Teil

I
Beim Heurigen

Mit Schrammelmusik und Blütenregen. Große weinselige
Stimmung – und mittendrunterdrin der Zauberkönig, Va-
lerie und Erich.

ALLES *singt:*

    Da draußen in der Wachau
    Die Donau fließt so blau,
    Steht einsam ein Winzerhaus,
    Da schaut ein Mädel heraus.
    Hat Lippen rot wie Blut,
    Und küssen kanns so gut,
    Die Augen sind veilchenblau
    Vom Mädel in der Wachau.

    Es wird ein Wein sein,
    Und wir werden nimmer sein.
    Es wird schöne Madeln geben,
    Und wir werden nimmer leben –

Jetzt wirds einen Augenblick totenstill beim Heurigen –
aber dann singt wieder alles mit verdreifachter Kraft.

    Drum gehn wir gern nach Nußdorf naus,
    Da gibts a Hetz, a Gstanz,
    Da hörn wir ferne Tanz,
    Da laß ma fesche Jodler naus
    Und gengan in der Fruah
    Mitn Schwomma zhaus, mitn Schwomma zhaus!

Begeisterung; Applaus; zwischen den Tischen wird ge-
tanzt, und zwar auf den Radetzkymarsch. – Alles ist
nun schon ziemlich benebelt.

ZAUBERKÖNIG Bravo, bravissimo! Heut bin ich wieder
der alte! Da capo, da capo! *Er greift einem vorübertan-*
zenden Mädchen auf die Brüste.

DER KAVALIER DES MÄDCHENS *schlägt ihm auf die Hand:*
Hand von der Putten!

DAS MÄDCHEN Das sind doch meine Putten!

ZAUBERKÖNIG Putten her, Putten hin! Ein jeder Erwach-
sene hat seine Sorgen, und heut möcht ich alles vergessen! Heut kann mich die ganze Welt!

ERICH Mal herhören, Leute! Ich gestatte mir hiermit auf
den famosen Wiener Heurigen ein ganz exorbitantes
Heil – *Er verschüttet seinen Wein.*

VALERIE Nicht so stürmisch, junger Mann! Meiner Seel,
jetzt hat er mich ganz bespritzt!

ERICH Aber das kann doch vorkommen! Ehrensache!

ZAUBERKÖNIG Hat er dich naßgemacht? Armes Waserl!

VALERIE Durch und durch – bis auf die Haut.

ZAUBERKÖNIG Bis auf deine Haut –

VALERIE Bist du a schon narrisch?

ERICH Stillgestanden! *Er knallt die Hacken zusammen*
und steht still.

ZAUBERKÖNIG Was hat er denn?

VALERIE Das bin ich schon gewöhnt. Wenn er sich besoffen hat, dann kommandiert er sich immer selber.

ZAUBERKÖNIG Wie lang daß der so still stehen kann. –
Stramm! Sehr stramm! Respekt! Es geht wieder auf-
wärts mit uns! *Er fällt unter den Tisch.*

VALERIE Jesus Maria!

ZAUBERKÖNIG Der Stuhl ist zerbrochen – einen anderen
Stuhl, Herr Ober! He, einen anderen Stuhl!! *Er singt mit*
der Musik. Ach, ich hab sie ja nur auf die Schulter ge-
küßt – und schon hab ich den Patsch verspürt mit dem
Fächer ins Gesicht –

DER OBER *bringt nun eine Riesenportion Salami.*

VALERIE Salami, Erich! Salami!

ERICH Division! Rührt euch! *Er langt mit der Hand in die Schüssel und frißt exorbitant.*

ZAUBERKÖNIG Wie der frißt!

VALERIE Gesegnete Mahlzeit!

ZAUBERKÖNIG Friß nicht so gierig!

VALERIE Er zahlts ja nicht!

ZAUBERKÖNIG Und singen kann er auch nicht!
Pause.

VALERIE *zu Erich:* Warum singst du eigentlich nicht?

ERICH *mit vollem Munde:* Weil ich doch an meinem chronischen Rachenkatarrh leide!

VALERIE Das kommt vom vielen Rauchen!

ERICH *brüllt sie an:* Schon wieder?!

RITTMEISTER *taucht auf; mit einem Papierhütchen und in gehobener Stimmung:* Küß die Hand, schöne Frau Valerie! A, das ist aber ein angenehmer Zufall! Habe die Ehre, Herr Zauberkönig!

ZAUBERKÖNIG Prost, Herr Rittmeister! Prost, lieber Herr von Rittmeister. – *Er leert sein Glas und verfällt in wehmütigen Stumpfsinn.*

VALERIE Darf ich Ihnen etwas von meiner Salami, Herr Rittmeister?

ERICH *bleibt der Brocken im Munde stecken; er fixiert gehässig den Rittmeister.*

RITTMEISTER Zu gütig, küß die Hand! Danke nein, ich kann unmöglich mehr – *Er steckt sich zwei dicke Scheiben in den Mund.* Ich hab heut nämlich schon zweimal genachtmahlt, weil ich Besuch hab – ich sitz dort hinten in der Gesellschaft. Ein Jugendfreund meines in Sibirien vermißten Bruders – ein Amerikaner.

VALERIE Also ein Mister!

RITTMEISTER Aber ein geborener Wiener! Zwanzig Jahr war der jetzt drüben in den Staaten, nun ist er zum erstenmal wieder auf unserem Kontinent. Wie wir heut vormittag durch die Hofburg gefahren sind, da sind ihm die Tränen in den Augen gestanden. – Er ist ein Selfmademan. Selbst ist der Mann!

VALERIE Oh, Sie Schlimmer!

RITTMEISTER Ja. Und jetzt zeig ich ihm sein Wien – schon den zweiten Tag – wir kommen aus dem Schwips schon gar nicht mehr raus –

VALERIE Stille Wasser sind tief.

RITTMEISTER Nicht nur in Amerika.

ERICH *scharf:* Tatsächlich?

Pause.

VALERIE *nähert sich Erich:* Daß du parierst – und halts Maul, sonst schmier ich dir eine. – Wenn du schon meine Salami frißt, dann kannst du mir auch entgegenkommen –

ERICH Diese Randbemerkung ehrt Ihre niedrige Gesinnung, Gnädigste!

VALERIE Bleib!

ERICH Stillgestanden! Division –

VALERIE Halt!

ERICH Division – marsch! *Ab.*

VALERIE *ruft ihm nach:* Herstellt euch! Herstellt euch! *Totenstille.*

RITTMEISTER Wer ist denn das überhaupt?

VALERIE *tonlos:* Das ist eine ganze Division. Ich werd ihn wohl bald ganz lassen – ich sehs schon direkt wieder kommen – und dann ist er mit dem dort – *sie deutet auf den Zauberkönig* – entfernt verwandt – *Jetzt gibts wieder Musik.*

RITTMEISTER Apropos verwandt. – Sagens mal, Frau Valerie, finden Sie das für in Ordnung, wie Seine Majestät der Herr Zauberkönig das Fräulein Mariann behandelt – ich versteh so was nicht. Wenn ich Großpapa wär – und abgesehen davon, ma kann doch leicht straucheln. Aber dann direkt verkommen lassen –

VALERIE Wissen Sie was Näheres, Herr Rittmeister?

RITTMEISTER Ich hab mal eine Frau Oberst gehabt, das heißt: das ganze Regiment hat sie gehabt – was sag ich da?! Sie war die Frau unseres Obersten – und der Oberst hatte ein uneheliches Kind mit einer vom Varieté, aber die Frau Oberst hat es in ihr Haus genommen, als wärs ihr eigen Fleisch und Blut, weil sie halt unfruchtbar war. – Aber wenn man daneben dieses zauberkönigliche Verhalten dort drüben betrachtet – na Servus!

VALERIE Ich versteh Sie nicht, Herr Rittmeister. Was hat denn die Frau Oberst mit der Mariann zu tun?

RITTMEISTER Wir verstehen uns alle nicht mehr, liebe Frau Valerie! Oft verstehen wir uns schon selber nicht mehr.

VALERIE Wo steckt denn die Mariann?

RITTMEISTER *lächelt geheimnisvoll:* Das wird man schon noch mal offiziell bekanntgeben – im geeigneten Moment.

DER MISTER *erscheint; er ist besoffen:* Oh lieber guter Freund – was seh ich da? Gesellschaft? Freunde? Stell mich vor, bitte. – Du lieber guter Freund. – *Er umarmt den Rittmeister.*

ZAUBERKÖNIG *erwacht aus seinem Stumpfsinn:* Wer ist denn das?

RITTMEISTER Das ist mein lieber Mister aus Amerika!

DER MISTER Amerika! New York! Chicago und Sing-Sing! – Äußerlich ja, aber da drinnen klopft noch das alte biedere treue goldene Wiener Herz, das ewige Wien – und die Wachau – und die Burgen an der blauen Donau. – *Er summt mit der Musik.* Donau so blau, so blau, so blau –

ALLE *summen mit und wiegen sich auf den Sitzgelegenheiten.*

DER MISTER Meine Herrschaften, es hat sich vieles verändert in der letzten Zeit, Stürme und Windhosen sind

über die Erde gebraust, Erdbeben und Tornados, und
ich hab ganz von unten anfangen müssen, aber hier bin
ich zhaus, hier kenn ich mich aus, hier gefällt es mir, hier
möcht ich sterben! Oh du mein lieber altösterreichischer
Herrgott aus Mariazell!
Er singt.
Mein Muatterl war a Wienerin,
Drum hab ich Wien so gern.
Sie wars, die mit dem Leben mir
Die Liebe hat gegeben
Zu meinem anzigen goldenen Wean!

ALLES *singt:*
Wien, Wien, nur du allein
Sollst stets die Stadt meiner Träume sein,
Dort, wo ich glücklich und selig bin,
Ist Wien, ist Wien, mein Wien!

DER MISTER   Wien soll leben! Die Heimat! Und die schönen Wiener Frauen! Und der Heimatgedanke! Und wir
Wiener sollen leben – alle, alle!

ALLE   Hoch! Hoch! Hoch!
Allgemeines Saufen.

ZAUBERKÖNIG   *zu Valerie:* Und die schönen Wiener Frau-
en, du stattliche Person – dich hätt ich heiraten sollen,
mit dir hätt ich ein ganz ein anderes Kind gekriegt –

VALERIE   Red nicht immer von Irene! Ich hab sie nie aus-
stehen können!

DER MISTER   Wer ist Irene?

ZAUBERKÖNIG   Irene war meine Frau.

DER MISTER   Oh, Pardon!

ZAUBERKÖNIG   Oh, bitte – und warum soll ich denn nicht
auf die Iren schimpfen? Bloß weil sie schon tot ist? Mir
hat sie das ganze Leben verpatzt!

VALERIE   Du bist ein dämonischer Mensch!

ZAUBERKÖNIG   *singt:*
Mir ist mei Alte gstorbn,

Drum ist mirs Herz so schwer.
A so a gute Seel
Krieg ich nöt mehr,
Muß so viel wana,
Das glaubt mir kana,
Daß ich mich kränk,
Wenn ich an mei Alte denk! Hallo!

DER MISTER *schnellt empor:* Hallo! Hallo! Wenn mich nicht alles täuscht, so fängt es jetzt an zu regnen! Aber wir lassen uns vom Wetter nichts dreinreden! Heut wird noch gebummelt und wenns Schusterbuben regnen sollte! Wir lassen und lassen uns das nicht gefallen! *Er droht mit dem Zeigefinger nach dem Himmel.* Oh du regnerischer Himmelvater du! Darf ich euch alle einladen? Alle, alle!!

ALLE Bravo, bravo!

DER MISTER Also auf! Vorwärts! Mir nach!

VALERIE Wohin?

DER MISTER Irgendwohin! Wo wir einen Plafond über uns haben! Wo wir nicht so direkt unterm Himmel sitzen! Ins Moulin-bleu!
Starker Applaus.

RITTMEISTER Halt! Nicht ins Moulin-bleu, liebe Leutl! Dann schon eher ins Maxim!
Und wieder wird es einen Augenblick totenstill.

ZAUBERKÖNIG Warum denn ins Maxim?

RITTMEISTER Weil es dort ganz besondere Überraschungen geben wird.

ZAUBERKÖNIG Was für Überraschungen?

RITTMEISTER Pikante. Sehr pikante –
Stille.

ZAUBERKÖNIG Also auf ins Maxim!

ALLE Ins Maxim! *Sie marschieren mit aufgespannten Regenschirmen und singen.*
Vindobona, du herrliche Stadt,

Die so reizende Anlagen hat,
Dir gehört stets nur unser Sinn.
Ja zu dir, da ziagts uns hin,
San ma a von dir oft fern,
Denkn ma do ans liebe Wean,
Denn du bleibst die Perle von Österreich,
Dir ist gar ka Stadt net gleich!

Die Mizzi und der Jean
Gehn miteinander drahn,
Wir sind ja nicht aus Stroh,
Sind jung und lebensfroh,
Net immer Schokoladi,
Heut gehen wir zum »Brady«
Oder zum »Maxim«
Heut sind wir einmal schlimm!

Jetzt trink ma noch a Flascherl Wein,
Hollodero!
Es muß ja nöt das letzte sein
Hollodero!
Und ist das gar, gibts ka Geniern,
Hollodero!
So tun wir noch
mal repetiern, aber
noch mal repetiern!
*Gong. – Die Bühne verwandelt sich nun ins »Maxim« –
mit einer Bar und Separées; im Hintergrunde eine Ka-
barettbühne mit breiter Rampe. – Alles schließt die Re-
genschirme und nimmt nun Platz an den Tischen, und
zwar in aufgeräumtester Stimmung.*

DER CONFERENCIER *tritt vor den Vorhang:* Meine Sehrverehrten! Meine Herrschaften! Entzückende Damen
und noch entzückendere Herren!

VALERIE Oho!

Gelächter.

DER CONFERENCIER Ich begrüße Sie auf das allerherzlich-
ste im Namen meiner Direktion! Schon Johann Wolfgang von Goethe, der Dichterfürst, sagt in seinem Mei-
sterwerk, unserem unsterblichen Faust: Was du ererbt
von deinen Vätern hast, erwirb es, um es zu besitzen! In
diesem Sinne, meine Sehrverehrten: Nummer auf Nummer! Das ist Tradition, meine Sehrverehrten! Und nun
bitte, treten Sie ein mit uns in den Himmel der Erinnerung! –

Und nun erklingt der Walzer »Wiener Blut« von Jo-
hann Strauß, der Vorhang hebt sich, und einige Mäd-
chen in Alt-Wienertracht tanzen den Walzer – dann fällt
wieder der Vorhang; rasende Begeisterung im Publi-
kum, und die Musik spielt nun den Hoch- und Deutsch-
meistermarsch.

ZAUBERKÖNIG *zum Rittmeister:* Aber was redens denn da,
Herr? Also das steht doch schon felsenfest, daß wir
Menschen mit der Tierwelt verwandt sind!

RITTMEISTER Das ist Auffassungssache!

ZAUBERKÖNIG Oder glaubens denn gar noch an Adam
und Eva?

RITTMEISTER Wer weiß!

DER MISTER *zu Valerie:* Du Wildkatz!

ZAUBERKÖNIG Wildkatz! Oder gar ein Leopard!

VALERIE Prost Zauberkönig!

ZAUBERKÖNIG Der Herr Rittmeister sind ein Fabelwesen,
und du hast was von einem Känguruh an dir, und der
Mister ist ein japanischer Affenpintscher!

DER MISTER *lacht keineswegs:* Fabelhafter Witz, fabelhafter Witz!

ZAUBERKÖNIG Na und ich?!

VALERIE Ein Hirsch! Ein alter Hirsch! Prost, alter Hirsch!
Brüllendes Gelächter – nun klingelt das Tischtelephon.
Stille.

ZAUBERKÖNIG *am Apparat:* Ja hallo! – Wie? Wer spricht? Mausi? – Mausi kenn ich nicht, wie? – Ach so! Jaja, das bin ich schon, ich bin schon dein Onkel. – was soll ich? A du Schweinderl, du herziges! – Wo? An der Bar? Im grünen Kleid? – Was? Du bist noch eine Jungfrau? Und das soll dir dein Onkel glauben? Na ich werd das mal nachkontrollieren. – Bussi, Bussi! – *Er hängt ein und leert sein Glas Schampus, den der Mister hat auffahren lassen.*

VALERIE Trink nicht so viel, Leopold!

ZAUBERKÖNIG Du kannst mir jetzt auf den Hut steigen! *Er erhebt sich.* Für uns alte Leut ist ja der Alkohol noch die einzige Lebensfreud! Wo ist die Bar?

VALERIE Was für eine Bar?

ZAUBERKÖNIG Wo ist die Bar, Kruzitürken?!

RITTMEISTER Ich werd Sie hinführen –

ZAUBERKÖNIG Ich find schon selber hin – ich brauch keinen Kerzenhalter! Kommens, führens mich! *Er läßt sich vom Rittmeister an die Bar führen, wo ihn bereits zwei Mädchen erwarten – die eine im grünen Kleid nimmt ihn gleich herzlichst in Empfang; auch der Rittmeister bleibt an der Bar.*

DER MISTER *zu Valerie:* Was ist der Herr eigentlich?

VALERIE Ein Zauberkönig.

DER MISTER Ach!

VALERIE Ja. Sonst ist er ja ein seltener Mensch, bescheiden und anständig, der echte Bürger vom alten Schlag. – Diese Sorte stirbt nämlich aus.

DER MISTER Leider!

VALERIE Heut ist er ja leider besoffen –

DER MISTER Wie Sie das wieder sagen! Was für ein Charme! Bei uns in Amerika ist halt alles brutaler.

VALERIE Was wiegen Sie?

DER MISTER Zweihundertachtzehn Pfund.

VALERIE Oh Gott!

DER MISTER Darf ich ganz offen sein?

VALERIE Man bittet darum.

DER MISTER Ich bin kompliziert.

VALERIE Wieso?

DER MISTER Ich bin nämlich innerlich tot. Ich kann halt nur mehr mit den Prostituierten was anfangen – das kommt von den vielen Enttäuschungen, die ich schon hinter mir hab.

VALERIE Jetzt so was. Eine so zarte Seele in so einem mächtigen Körper –

DER MISTER Ich habe den Saturn als Planeten.

VALERIE Ja, diese Planeten! Da hängt man damit zusammen und kann gar nichts dafür!

Gong.

DER CONFERENCIER *tritt vor den Vorhang:* Meine Sehrverehrten! Und abermals gibts eine herrliche Nummer! Was soll ich viele Worte machen, urteilen Sie selbst über unsere sensationellen, von ersten Künstlern entworfenen, hochkünstlerischen lebendigen Aktplastiken. Als erstes: Donaunixen! Darf ich bitten, Herr Kapellmeister!

Die Kapelle spielt nun den Walzer »An der schönen blauen Donau«, und es wird stockfinster im Zuschauerraum; dann teilt sich der Vorhang, und man sieht drei halbnackte Mädchen, deren Beine in Schwanzflossen stecken. – Eine hält eine Leier in der Hand – alle sind malerisch gruppiert vor einem schwarzen Vorhang im grünen Scheinwerferlicht: von der Bar her hört man des Zauberkönigs Stimme: »Nackete Weiber, sehr richtig!« – Der Vorhang schließt sich, starker Applaus.

Gong.

DER CONFERENCIER *erscheint wieder vor dem Vorhang:* Das zweite Bild: unser Zeppelin!

Bravorufe.

DER CONFERENCIER Darf ich bitten, Herr Kapellmeister!

Und nun ertönt der »Fridericus rex« – und auf der Bühne stehen drei nackte Mädchen – die erste hält einen Propeller in den Händen, die zweite einen Globus und die dritte einen kleinen Zeppelin – das Publikum rast vor Beifall, schnellt von den Sitzen in die Höhe und singt die erste Strophe des Deutschlandliedes, worauf es sich wieder beruhigt.

Gong.

DER CONFERENCIER *wieder vor dem Vorhang:* Und nun, meine Sehrverehrten, das dritte Bild: »Die Jagd nach dem Glück.«

Totenstille.

DER CONFERENCIER Darf ich bitten, Herr Kapellmeister – *Die »Träumerei« von Schumann erklingt und der Vorhang teilt sich zum dritten Male – eine Gruppe nackter Mädchen, die sich gegenseitig niedertreten, versucht einer goldenen Kugel nachzurennen, auf welcher das Glück auf einem Bein steht – das Glück ist ebenfalls unbekleidet und heißt Marianne.*

VALERIE *schreit gellend auf im finsteren Zuschauerraum:* Marianne! Jesus Maria Josef! Marianne!!

MARIANNE *erschrickt auf ihrer Kugel, zittert, kann das Gleichgewicht nicht mehr halten, muß herab und starrt, geblendet vom Scheinwerfer, in den dunklen Zuschauerraum.*

DER MISTER Was denn los?!

VALERIE *außer sich:* Marianne, Marianne, Marianne!!

DER MISTER *wird wütend* Brüll nicht! Bist denn plemplem?!

VALERIE Marianne!

DER MISTER Kusch! Da hast du deine Marianne! *Er boxt ihr in die Brust.*

VALERIE *schreit.*

Große Unruhe im Publikum; Rufe: »Licht! Licht!«

DER CONFERENCIER *stürzt auf die Bühne:* Vorhang! Was ist denn los?! Licht! Vorhang! Licht!

Der Vorhang fällt vor der starr in den Zuschauerraum glotzenden Marianne, die übrigen Mädchen sind bereits unruhig ab – und nun wird es Licht im Zuschauerraum und wieder für einen Augenblick totenstill. Alles starrt auf Valerie, die mit dem Gesicht auf dem Tisch liegt, hysterisch und besoffen, weint und schluchzt.

ZAUBERKÖNIG *steht an der Bar und hält die Hand auf sein Herz.*

VALERIE *wimmert:* Die Mariann – die Mariann – die liebe kleine Mariann – oh, oh, oh – ich hab sie ja schon gekannt, wie sie noch fünf Jahre alt war, meine Herren!

DER CONFERENCIER Von wem redet sie da?

DER MISTER Keine Ahnung!

DER CONFERENCIER Hysterisch?

DER MISTER Epileptisch!

EINE GEMÜTLICHE STIMME So werfts es doch naus, die besoffene Bestie!

VALERIE Ich bin nicht besoffen, meine Herren! Ich bin das nicht – nein, nein, nein! *Sie schnellt empor und will hinauslaufen, stolpert aber über ihre eigenen Füße, stürzt und reißt einen Tisch um – jetzt hat sie sich blutig geschlagen.* Nein, das halt ich nicht aus, ich bin doch nicht aus Holz, ich bin doch noch lebensfroh, meine Herren – das halt ich nicht aus, das halt ich nicht aus!
Sie rast brüllend nach Haus.

ALLE *außer dem Zauberkönig, sehen ihr perplex nach.*
Stille, dann: Gong.

DER CONFERENCER *springt auf einen Stuhl:* Meine Sehrverehrten! Damen und Herren! Das war nun der Schluß unseres offiziellen Programms – und nun beginnt in der Bar der inoffizielle Teil! *Man hört aus der Bar die Tanzmusik.* Im Namen meiner Direktion danke ich Ihnen für den zahlreichen Besuch und wünsche Ihnen eine recht gute Nacht! Auf Wiedersehen, meine Herrschaften!

DIE HERRSCHAFTEN *räumen allmählich das Lokal.*

ZAUBERKÖNIG Herr Rittmeister –

RITTMEISTER Bitte?

ZAUBERKÖNIG Also deshalb wollten Sie nicht ins Moulin-
bleu, sondern hier. – Das waren also Ihre bewußten pi-
kanten Überraschungen, ich hab gleich so eine komische
Aversion gehabt – so eine Ahnung, daß mir nichts Gutes bevorsteht –

RITTMEISTER Ich wußte es, daß das Fräulein Mariann hier
auftritt – ich war nämlich schon öfters da – erst gestern
wieder – und ich kann es halt nicht mehr länger mitan-
sehen! Ihr steinernes Herz –

ZAUBERKÖNIG Mischen Sie sich nicht in wildfremde Fa-
milienangelegenheiten, Sie Soldat!!

RITTMEISTER Meine menschliche Pflicht –

ZAUBERKÖNIG *unterbricht ihn:* Was ist das?

RITTMEISTER Sie sind kein Mensch!

ZAUBERKÖNIG Also das hör ich gern! Schon sehr gern!
Was soll ich denn schon sein, wenn ich kein Mensch bin,
Sie?! Vielleicht ein Vieh?! Das tät Ihnen so passen! Aber
ich bin kein Vieh und hab auch keine Tochter, bitt ich
mir aus!!

RITTMEISTER Jetzt hab ich hier nichts mehr verloren. *Er
verbeugt sich steif und ab.*

ZAUBERKÖNIG Und ich werd mir vielleicht noch was ho-
len? Ich bin in einer Untergangsstimmung, Herr Mister!
Jetzt möcht ich Ansichtskarten schreiben, damit die
Leut vor Neid zerplatzen, wenn sie durch mich selbst
erfahren, wie gut daß es mir geht!

DER MISTER Ansichtskarten! Glänzende Idee! Das ist eine
Idee! Ansichtskarten, Ansichtskarten! *Er kauft einer
Verkäuferin gleich einen ganzen Stoß ab, setzt sich dann
abseits an einen Tisch und schreibt – nun ist er allein mit
dem Zauberkönig; aus der Bar tönt Tanzmusik.*

MARIANNE *kommt langsam in einem Bademantel und
bleibt vor dem Zauberkönig stehen.*

ZAUBERKÖNIG *starrt sie an, betrachtet sie von oben bis unten – dreht ihr den Rücken zu.*
Pause.

MARIANNE Warum hast du meine Briefe nicht gelesen? Ich hab dir drei Briefe geschrieben. Aber du hast sie nicht aufgemacht und hast sie zurückgehen lassen.
Pause.

MARIANNE Ich hab dir geschrieben, daß er mich verlassen hat –

ZAUBERKÖNIG *wendet sich langsam ihr zu und fixiert sie gehässig:* Das weiß ich. *Er dreht ihr wieder den Rücken zu.*
Pause.

MARIANNE Weißt du auch, daß ich ein Kind hab –?

ZAUBERKÖNIG Natürlich!
Pause.

MARIANNE Es geht uns sehr schlecht, mir und dem kleinen Leopold –

ZAUBERKÖNIG Was?! Leopold?! Der Leopold, das bin doch ich! Na, das ist aber der Gipfel! Nennt ihre Schand nach mir! Das auch noch! Schluß jetzt! Wer nicht hören will, muß fühlen! Schluß! *Er erhebt sich, muß sich aber gleich wieder setzen.*

MARIANNE Du bist ja betrunken, Papa –

ZAUBERKÖNIG Also werd nur nicht ordinär! Ich bin nicht dein Papa, ein für allemal! Und nur nicht ordinär, sonst – *Er macht die Geste des Ohrfeigens.* Denk lieber an dein Mutterl selig! Die Toten hören alles!

MARIANNE Wenn mein Mutterl noch leben würde –

ZAUBERKÖNIG Laß dein Mutterl aus dem Spiel, bitt ich mir aus! Wenn sie dich so gesehen hätt, so nacket auf dem Podium herumstehen – dich den Blicken der Allgemeinheit preisgeben. – Ja schämst dich denn gar nicht mehr? Pfui Teufel!

MARIANNE Nein, das kann ich mir nicht leisten, daß ich mich schäm.

Stille.

Die Musik in der Bar ist nun verstummt.

MARIANNE Ich verdien hier zwei Schilling pro Tag. Das ist nicht viel, inklusive dem kleinen Leopold. – Was kann ich denn aber auch anderes unternehmen? Du hast mich ja nichts lernen lassen, nicht einmal meine rhythmische Gymnastik, du hast mich ja nur für die Ehe erzogen –

ZAUBERKÖNIG Oh du miserables Geschöpf! Jetzt bin ich noch schuld!

MARIANNE Hör mal, Papa –

ZAUBERKÖNIG *unterbricht sie:* Ich bin kein Papa!

MARIANNE *schlägt mit der Faust auf den Tisch:* Aber so hör auf, ja. Du bist doch mein Papa, wer denn sonst!? Und hör jetzt mal – wenn das so weitergeht, ich kann nichts verdienen – und auf den Strich gehen kann ich nicht, ich kann das nicht, ich habs ja schon versucht, aber ich kann mich nur einem Manne geben, den ich aus ganzer Seele mag – ich hab ja als ungelernte Frau sonst nichts zu geben – dann bleibt mir nur der Zug.

ZAUBERKÖNIG Was für ein Zug?

MARIANNE Der Zug. Mit dem man wegfahren kann. Ich wirf mich noch vor den Zug –

ZAUBERKÖNIG So! Das auch noch. Das willst du mir also auch noch antun – *Er weint plötzlich.* Oh du gemeines Schwein, was machst du denn mit mir auf meine alten Tag? Eine Schande nach der anderen – oh ich armer alter Mensch, mit was hab ich denn das verdient?!

MARIANNE *scharf:* Denk nicht immer an dich!

ZAUBERKÖNIG *hört auf zu weinen, starrt sie an, wird wütend:* So wirf dich doch vor den Zug! Wirf dich doch, wirf dich doch! Samt deiner Brut!! – Oh, mir ist übel – wenn ich nur brechen könnt – *Er beugt sich über den Tisch, schnellt aber plötzlich empor.* – Denk lieber an deinen Himmelvater! An unseren lieben Herrgott da droben – *Er wankt fort.*

MARIANNE *sieht ihm nach und schaut dann empor, dort-hin, wo der Himmel liegt; leise:* Da droben –
Aus der Bar ertönt nun wieder Tanzmusik.

DER MISTER *ist nun fertig mit seiner Ansichtskarten-schreiberei und entdeckt Marianne, die noch immer in den Himmel schaut:* Ah, eine Primadonna – *Er betrach-tet sie lächelnd.* Sagen Sie – haben Sie nicht zufällig ei-nige Briefmarken bei sich?

MARIANNE Nein.

DER MISTER *langsam:* Nämlich, ich brauche zehn Zwan-ziggroschenmarken und zahle dafür fünfzig Schilling.
Pause.

DER MISTER Sechzig Schilling.
Pause.

DER MISTER *nimmt seine Brieftasche heraus:* Da sind die Schillinge und da sind die Dollars –

MARIANNE Zeigen Sie.

DER MISTER *reicht ihr die Brieftasche.*
Pause.

MARIANNE Sechzig?

DER MISTER Fünfundsechzig,

MARIANNE Das ist viel Geld.

DER MISTER Das will verdient sein.
Stille.
Mit der Tanzmusik ist es nun wieder vorbei.

MARIANNE Nein. Danke. *Sie gibt ihm die Brieftasche zu-rück.*

DER MISTER Was heißt das?

MARIANNE Ich kann nicht. Sie haben sich in mir geirrt, Herr –

DER MISTER *packt sie plötzlich am Handgelenk und brüllt:* Halt! Halt, du hast mich jetzt bestohlen, du Dir-ne, Diebin, Verbrecherin, Hand aufmachen – auf!!

MARIANNE Au!

DER MISTER Da! Hundert Schilling! Meinst, ich merk das

nicht, du blöde Hur!? *Er gibt ihr eine Ohrfeige.* Polizei!
Polizei!

ALLES *erscheint aus der Bar.*

DER CONFERENCIER Was ist denn los, um Gottes Christi
willen?!

DER MISTER Diese Hur da hat mich bestohlen! Hundert
Schilling, hundert Schilling! Polizei!

MARIANNE *reißt sich vom Mister los:* Ihr sollt mich nicht
mehr schlagen! Ich will nicht mehr geschlagen werden!

BARONIN *erscheint.*

MARIANNE *schreit entsetzt.*

II
Draußen in der Wachau

*Alfred sitzt mit seiner Großmutter vor dem Häuschen in
der Abendsonne – und unweit steht der Kinderwagen.*

DIE GROSSMUTTER Ich hab dich ja schon immer für einen
Lügner gehalten, aber daß du ein solcher Scheißkerl bist,
wär mir nie im Traum eingefallen! Borgt sich da von mir
dreihundert Schilling für Frankreich zu einer Spediti-
onsfirma – und kommt jetzt nach drei Wochen an und
beichtet, daß er gar nicht in Frankreich war, sondern
daß er alles verspielt hat am Trabrennplatz! Wirst dort
enden, wo deine saubere Mariann sitzt! Im Zuchthaus!

ALFRED Vorerst sitzt sie ja noch gar nicht im Zuchthaus,
sondern nur im Untersuchungsgefängnis, und morgen
wird ihr doch erst der Prozeß gemacht – und dann ist es
ja nur ein Diebstahlsversuch. Schaden ist keiner entstan-
den, also hat sie mildernde Umständ und wird sicher nur
bedingt verurteilt werden, weil sie noch nicht vorbe-
straft ist –

DIE GROSSMUTTER Nimm sie nur in Schutz, nimm sie nur

in Schutz. – Schön hab ich mich in dir getäuscht, ich habs ja schon immer gewußt, daß du ein Verbrecher bist!

ALFRED Willst mir also nicht verzeihen?

DIE GROSSMUTTER Häng dich auf!

ALFRED Bäääh! *Er streckt die Zunge heraus.*

DIE GROSSMUTTER Bäääh! *Sie streckt ihm die Zunge heraus.*

Stille.

ALFRED *erhebt sich:* Also mich siehst du jetzt nicht so bald wieder.

DIE GROSSMUTTER Und die dreihundert Schilling? Und die hundertfünfzig vom vorigen Jahr?!

ALFRED Und wenn du jetzt zerspringst, es ist doch so, daß ich es genau fühl, daß auch ich in einer gewissen Hinsicht mitschuldig bin an der Mariann ihrem Schicksal –

DIE GROSSMUTTER *schnappt nach Luft.*

ALFRED *lüftet seinen Strohhut:* Küß die Hand, Großmama! *Ab.*

DIE GROSSMUTTER *außer sich vor Wut:* Schau, daß du verschwindst! Luder, dreckiges! Mir sowas ins Gesicht zu sagen! Weg! Marsch! Scheißkerl! Sie *setzt sich an das Tischchen, auf dem ihre Zither liegt, und stimmt sie.*

DIE MUTTER *tritt aus dem Häuschen:* Ist der Alfred schon fort?

DIE GROSSMUTTER Gott sei Dank!

DIE MUTTER Er hat sich von mir gar nicht verabschiedet –

DIE GROSSMUTTER Einen feinen Sohn hast du da – frech und faul! Ganz der Herr Papa!

DIE MUTTER So laß doch den Mann in Ruh! Jetzt liegt er schon zehn Jahr unter der Erden, und gibst ihm noch immer keine Ruh!

DIE GROSSMUTTER Wer hat ihn denn so früh unter die Erden gebracht? Ich vielleicht? Oder der liebe Alkohol? – Deine ganze Mitgift hat er versoffen!

DIE MUTTER Jetzt will ich aber nichts mehr hören, ich will nicht!

DIE GROSSMUTTER Halts Maul! *Sie spielt auf ihrer Zither den Doppeladlermarsch.*

DIE MUTTER *beugt sich besorgt über den Kinderwagen, und die Großmutter beendet ihren Marsch:* Er macht mir Sorgen, der kleine Leopold – er hat so stark gehustet, und jetzt hat er rote Backerln und so einen ganz anderen Blick – damals beim armen kleinen Ludwig hats genau so begonnen –

DIE GROSSMUTTER Gott gibt und Gott nimmt.

DIE MUTTER Mama!

DIE GROSSMUTTER Mutterl im Zuchthaus und Vaterl ein Hallodri! Für manche wärs schon besser, wenns hin wären!

DIE MUTTER Möchst denn du schon hin sein?

DIE GROSSMUTTER *kreischt:* Vergleich mich nicht mit dem dort! *Sie deutet auf den Kinderwagen.* Meine Eltern waren ehrliche Leut! *Sie spielt wütend ein Menuett.*

DIE MUTTER So spiel doch nicht!

DIE GROSSMUTTER *unterbricht ihr Spiel:* Was schreist denn so?! Bist narrisch?! *Sie fixieren sich.*
Stille.

DIE MUTTER *bange:* Mama – ich hab es gesehn –

DIE GROSSMUTTER Was?

DIE MUTTER Was du heut nacht gemacht hast –
Stille.

DIE GROSSMUTTER *lauernd:* Was hab ich denn gemacht?

DIE MUTTER Du hast die beiden Fenster aufgemacht und hast das Betterl mit dem kleinen Leopold in den Zug gestellt –

DIE GROSSMUTTER *kreischt:* Das hast du geträumt! Das hast du geträumt!

DIE MUTTER Nein, das hab ich nicht geträumt. Und wenn du zerspringst!

Und abermals in der stillen Straße im achten Bezirk

Der Rittmeister liest noch immer die Ziehungsliste, und Valerie steht in der Tür ihrer Tabak-Trafik. – Es scheint überhaupt alles beim alten geblieben zu sein, nur auf der Puppenklinikauslage klebt ein Zettel: »Ausverkauf«.

VALERIE *boshaft:* Was haben wir denn gewonnen, Herr Rittmeister?

RITTMEISTER *reicht ihr die Ziehungsliste zurück:* Es ist Samstag, Frau Valerie. Und morgen ist Sonntag.

VALERIE Das ist halt unser irdisches Dasein, Herr Rittmeister.

RITTMEISTER Ausverkauf! Mein Gewissen ist rein und trotzdem. Ich war doch damals im Maxim nur von den altruistischesten Absichten beseelt – versöhnend hab ich wirken wollen, versöhnend – und derweil hat sich eine Tragödie nach der anderen abgerollt. Die arme Mariann wird eingekastelt und verurteilt –

VALERIE *unterbricht ihn:* Bedingt, Herr Rittmeister! Bedingt!
Stille.

RITTMEISTER Ist er eigentlich noch geärgert auf mich, der Herr Zauberkönig?

VALERIE Wegen was denn?

RITTMEISTER Na, ich denk, wegen der fatalen Situation im Maxim, die wo ich ihm inszeniert hab.

VALERIE Aber Herr Rittmeister! Nach all dem, was der Mann durchgemacht hat, hat er keine Lust mehr, sich über Sie zu ärgern – er ist überhaupt viel versöhnlicher geworden, er ist halt gebrochen. Als er seinerzeit gehört hat, daß die liebe Mariann gestohlen hat, da hat ihn ja fast der Schlag getroffen!

RITTMEISTER So ein Schlaganfall ist kein Witz.

VALERIE Er hat ja schon direkt die Sphärenmusik gehört.

RITTMEISTER Was verstehen Sie unter Sphärenmusik?

VALERIE Wenn einer knapp vor dem Tode ist, dann fängt die arme Seel bereits an, den Körper zu verlassen – aber nur die halbe Seel – und die fliegt dann schon hoch hinauf und immer höher und dort droben gibts eine sonderbare Melodie, das ist die Musik der Sphären –
Stille.

RITTMEISTER Möglich. An und für sich –
Jetzt spielt die Realschülerin im zweiten Stock einen Walzer von Johann Strauß.

VALERIE Können Sie schweigen, Herr Rittmeister?

RITTMEISTER Natürlich!

VALERIE Ehrenwort?

RITTMEISTER Na wenn ich als alter Offizier nicht schweigen könnt! Denkens doch nur mal an all die militärischen Geheimnisse, die ich weiß!
Pause.

VALERIE Herr Rittmeister. Sie war bei mir.

RITTMEISTER Wer?

VALERIE Die Mariann. Ja, die Mariann. Sie hat mich aufgesucht. Vier Wochen ist sie jetzt gesessen in ihrer Untersuchungshaft, und jetzt hat sie nichts zum Beißen – nur ihren Stolz, den hat sie noch gehabt! Aber den hab ich ihr gründlich ausgetrieben, kann ich nur sagen! Gründlich! Verlassen Sie sich nur auf mich, Herr Rittmeister, ich werd sie schon mit ihrem Papa aussöhnen, wir Frauen verstehen das besser als wie die Herren der Schöpfung! Sie haben ja das im Maxim viel zu direkt versucht – mein Gott, hab ich mich damals erschrocken!

RITTMEISTER Ende gut, alles gut!

ERICH *kommt rasch von rechts – er will in die Puppenklinik, erblickt aber den Rittmeister und fixiert ihn – und die Realschülerin bricht den Walzer ab, mitten im Takt.*

RITTMEISTER *betrachtet Erich geringschätzig – grüßt dann höflich Valerie und ab, knapp an Erich vorbei.*

ERICH *sieht ihm finster nach und betrachtet dann Valerie.*

VALERIE *will ab in ihre Tabak-Trafik.*

ERICH Halt! Verzeihen, Gnädigste! Ich möchte Sie nur darauf aufmerksam machen, daß wir uns jetzt wahrscheinlich das letztemal sehen –

VALERIE Hoffentlich!

ERICH Ich fahre nämlich morgen früh – für immer.

VALERIE Glückliche Reise!

ERICH Danke! *Er grüßt wieder korrekt und will ab in die Puppenklinik.*

VALERIE *plötzlich:* Halt!

ERICH Zu Befehl!
    Stille.

VALERIE Wir wollen uns nicht so Adieu sagen – Komm, geben wir uns die Hand – trennen wir uns als gute Kameraden –

ERICH Gut. *Er gibt ihr die Hand; zieht dann ein Notizbuch aus der Tasche und blättert darin.* Hier steht es genau notiert: Soll und Haben – jede Zigarette.

VALERIE *freundlich:* Ich brauch deine Zigaretten nicht –

ERICH Ehrensache!

VALERIE *nimmt seine Hand, in der er das Notizbuch hält, und streichelt sie:* Du bist halt kein Psychologe, Erich – *Sie nickt ihm freundlich zu und langsam ab in die Tabak-Trafik – und jetzt spielt die Realschülerin wieder.*

ERICH *sieht ihr nach; ist nun allein:* Altes fünfzigjähriges Stück Scheiße – *Ab in die Puppenklinik.*

OSKAR *kommt mit Alfred aus seiner Fleischhauerei:* Also auf alle Fäll dank ich Ihnen herzlichst, daß Sie mich besucht haben – und daß wir uns so gut vertragen in puncto Mariann.

ALFRED Es bleibt dabei: Ich laß ab von ihr – für ewig. *Er erblickt den Zettel auf der Puppenklinikauslage.* Was? »Ausverkauf«?

OSKAR *lächelt:* Auch das, lieber Herr – Es wird sich hier bald ausgezaubert haben, das heißt: falls er sich nicht wieder mit unserer Mariann versöhnt, denn so solo schaffts der Alte nicht mehr –

ALFRED Wie traurig das alles ist! Glaubens mir nur, ich bin an dieser ganzen Geschicht eigentlich unschuldig – heut begreif ich mich gar nicht, ich hab es doch so gut gehabt früher, ohne Kummer und ohne Sorgen – und dann läßt man sich in so ein unüberlegtes Abenteuer hineintreiben – es geschieht mir schon ganz recht, weiß der Teufel, was in mich gefahren ist!

OSKAR Das ist halt die große Liebe gewesen.

ALFRED Oh nein! Dazu hab ich schon gar kein Talent. – Ich war nur zu weich. Ich kann halt nicht nein sagen, und dann wird so eine Liaison automatisch immer ärger. Ich wollt nämlich seinerzeit Ihre Verlobung wirklich nicht auseinanderbringen – aber die liebe Mariann bestand auf dem Alles-oder-Nichts-Standpunkt. Verstehens mich?

OSKAR Leicht. Der Mann ist ja nur der scheinbar aktive Teil und das Weib nur der scheinbar passive – wenn man da näher hineinleuchtet –

ALFRED Abgründe tun sich auf.

OSKAR Und sehens, deshalb war ich Ihnen persönlich eigentlich nie so recht bös – Ihnen hab ich nie etwas Böses gewünscht – während die Mariann – *Er lächelt.* Ja, die hat bitter büßen müssen, das arme Hascherl – für die große Leidenschaft ihres Lebens –

ALFRED Nein, soviel Leut ins Unglück zu stürzen! Wirklich: wir Männer müßten mehr zusammenhalten.

OSKAR Wir sind halt zu naiv.

ALFRED Allerdings.

Jetzt bricht die Realschülerin wieder ab.

ALFRED Herr Oskar. Ich weiß gar nicht, wie ich Ihnen danken soll, daß Sie es übernommen haben, mich mit der Frau Valerie wieder auszusöhnen –

OSKAR *unterbricht ihn:* Pst!

ZAUBERKÖNIG *begleitet Erich aus der Puppenklinik – beide bemerken weder Alfred noch Oskar, die sich in die Tür der Fleischhauerei zurückgezogen haben:* Also nochmals, gute Reise, Erich! Bleib gesund und komm gut nach Dessau!

ERICH Nach Kassel, Onkel!

ZAUBERKÖNIG Kassel und Dessau – das werd ich nimmer lernen! Und vergiß unsere Wienerstadt nicht und deinen armen alten Onkel!

ERICH *schlägt nochmals die Hacken zusammen, verbeugt sich straff und ab, ohne sich umzusehen.*

ZAUBERKÖNIG *sieht ihm gerührt nach – erblickt dann Valerie, die, als sie Erichs Stimme gehört hatte, wieder in ihrer Tür erschien und horchte:* Ein Prachtkerl, was? Nun spielt die Realschülerin wieder.

VALERIE *nickt langsam ja.*

ZAUBERKÖNIG *holt sich aus dem Ständer vor der Tabak-Trafik eine Zeitung und durchblättert sie:* Ja ja, Europa muß sich schon einigen, denn beim nächsten Krieg gehen wir alle zugrund – aber kann man sich denn alles bieten lassen?! Was sich da nur die Tschechen wieder herausnehmen! Ich sag dir heut: morgen gibts wieder einen Krieg! Und den muß es auch geben! Krieg wirds immer geben!

VALERIE *ist immer noch anderswo:* Das schon. Aber das wär halt das Ende unserer Kultur.

ZAUBERKÖNIG Kultur oder nicht Kultur – Krieg ist ein Naturgesetz! Akkurat wie die liebe Konkurrenz im geschäftlichen Leben! Ich für meine Person bin ja konkurrenzlos, weil ich ein Spezialgeschäft bin. Trotzdem geh ich zugrund. Ich kanns halt allein nicht mehr schaffen, mich macht schon jeder Käufer nervös – Früher, da hab ich eine Frau gehabt, und wie die angefangen hat zu kränkeln, da ist die Mariann schon so groß gewesen –

VALERIE Wie groß?

ZAUBERKÖNIG So groß!

Pause.

VALERIE Wenn ich Großpapa wär –

ZAUBERKÖNIG *unterbricht sie:* Ich bin aber kein Groß-
papa, bitt ich mir aus! *Er faßt sich ans Herz und der
Walzer bricht ab.* Reg mich doch nicht auf! Au, mein
Herz –

Stille.

VALERIE Tuts weh?

ZAUBERKÖNIG Bestialisch – Du weißt, was der Medizi-
nalrat gesagt hat – mich könnt so ein Schlagerl treffen
wie nix –

VALERIE Ich kenn das von meinem Seligen her – Stichts?

ZAUBERKÖNIG Es sticht – es sticht –

Stille.

VALERIE Leopold. Der liebe Gott hat dir einen Fingerzeig
gegeben – daß du nämlich noch unter uns bist – Still!
Reg dich nur nicht auf, reg dich nicht auf – sonst kommt
der Schlaganfall, der Schlaganfall, und dann – und dann
– versöhn dich doch lieber, du alter Trottel – versöhn
dich, und du wirst auch dein Geschäft wieder weiterfüh-
ren können, es wird alles wieder besser, besser, besser!

Stille.

ZAUBERKÖNIG Meinst du?

VALERIE Schau, die Mariann – das ist doch kein böser
Mensch, das ist doch nur ein dummes Weiberl – ein ganz
armes dummes Weiberl –

ZAUBERKÖNIG Dumm ist sie schon. Saudumm!

VALERIE Und die hat sich eingebildet, die Welt nach ihrem
Bild umzuformen – aber die Welt folgt halt doch nur
dem Verstand, gelt, Großpapa?

ZAUBERKÖNIG Großpapa?

VALERIE Ja.

Stille.

Dann spielt wieder die Realschülerin.

ZAUBERKÖNIG *läßt sie langsam stehen und wendet sich seiner Puppenklinik zu – hält vor der Auslage und betrachtet den Ausverkaufszettel; dann nickt er Valerie freundlich zu, reißt den Zettel ab und verschwindet in seiner Puppenklinik.*

VALERIE *grinst befriedigt und steckt sich eine Zigarette an.*

OSKAR Frau Valerie! Jetzt hätt ich für Sie eine Überraschung!

VALERIE Was für eine Überraschung?

OSKAR Es möcht sich jemand mit Ihnen versöhnen.

VALERIE Wer? Erich?

OSKAR Nein.

VALERIE Sondern?

OSKAR Dort –

VALERIE *nähert sich der Fleischhauerei und erblickt Alfred.*

ALFRED *grüßt.*

Pause.

VALERIE Ach!

Jetzt ist es wieder aus mit der Musik.

ALFRED Du ahnst es ja nicht, was mich diese Reue für innere Kämpfe gekostet hat, dieser Gang nach Canossa – Ich hab ja schon vor mir selbst gar kein Schamgefühl mehr, weil ich weiß, daß ich dir Unrecht getan hab.

VALERIE Mir?

ALFRED Ja.

VALERIE Wann denn?

ALFRED *ist perplex.*

VALERIE Mir hast du nichts Schlechtes getan.

ALFRED *ist noch perplexer; er lächelt verlegen:* Na, ich hab dich doch immerhin verlassen –

VALERIE Du mich? Ich dich! Und außerdem war das auch nichts Schlechtes, sondern nur etwas sehr Gutes, merk dir das, du eitler Aff!

ALFRED Wir sind als gute Kameraden auseinander, verstanden?

VALERIE Wir zwei sind getrennte Leut, verstanden?! Weil
ich mit einem ausgemachten Halunken in der Zukunft
nichts mehr zu tun haben möcht!

Stille.

ALFRED Wieso denn ein ausgemachter? Du hast doch grad
selber gesagt, daß ich dir nichts getan hab!

VALERIE Mir nichts! Aber der Mariann! Und deinem
Kind?

Stille.

ALFRED Die Mariann hat immer gesagt, ich könnt hypnotisieren – *Er schreit sie an.* Was kann ich denn dafür,
daß ich auf die Frauen so stark wirk?!

VALERIE Schrei mich nicht an!

OSKAR Meiner Meinung nach war der Herr Alfred relativ
gut zur Mariann –

VALERIE Wenn ihr Mannsbilder nur wieder zusammen-
helft! Oh, ich hab aber auch noch mein weibliches So-
lidaritätsgefühl! *Zu Alfred.* So klein möcht ich dich sehen, so klein!

Stille.

ALFRED Ich bin eine geschlagene Armee. Das mußt du mir
nicht zweimal sagen, daß ich ein schlechter Mensch bin,
das weiß ich, weil ich halt zu guter Letzt ein schwacher
Mensch bin. Ich brauch immer jemand, für den ich sorgen kann und muß, sonst verkomm ich sofort. Für die
Mariann konnt ich aber nicht sorgen, das war mein spezielles Pech – Ja, wenn ich noch einiges Kapital gehabt
hätt, dann hätt ich ja wieder auf die Rennplätz hinaus-
können, trotzdem daß sie es nicht hat haben wollen –

VALERIE Sie hat es nicht haben wollen?

ALFRED Aus moralischen Gründen.

VALERIE Das war aber dumm von ihr, wo das doch dein
eigenstes Gebiet ist.

ALFRED Siehst du! Und an diesem Lebensauffassungs-
unterschied zerschellte auch schließlich unser Verhältnis. Ganz von allein.

VALERIE Lüg nicht.

Stille.

ALFRED Valerie. Ich hab eine Hautcreme vertreten, Füll-
federhalter und orientalische Teppich – es ist mir alles
danebengelungen und nun steck ich in einer direkt
schweinischen Situation. Du hast doch früher auch für
eine jede Schweinerei Verständnis gehabt –

VALERIE *unterbricht ihn:* Wie wars denn in Frankreich?

ALFRED Relativ genau wie hier.

VALERIE Und wie sind denn die Französinnen?

ALFRED Wie sie alle sind. Undankbar.

VALERIE *lächelt:* Du Lump. Was würdest du denn tun,
wenn ich dir jetzt fünfzig Schilling leihen würd?

Stille.

ALFRED Fünfzig?

VALERIE Ja.

ALFRED Ich würde natürlich sofort telegraphisch in Maisons-Laffitte Sieg und Platz –

VALERIE *unterbricht ihn:* Und? Und?

ALFRED Wieso?

VALERIE Und den Gewinn?

Stille.

ALFRED *lächelt hinterlistig:* Den voraussichtlichen Gewinn würde ich morgen persönlich meinem Söhnchen
überreichen –

VALERIE Werden sehen –! Werden sehen!

MARIANNE *kommt rasch und erschrickt.*

OSKAR Mariann!

VALERIE Na also!

MARIANNE *starrt einen nach dem anderen an – will rasch
wieder fort.*

VALERIE Halt! Dageblieben! Jetzt werden wir mal den

Schmutz da zusammenräumen – jetzt kommt die große Stöberei! Jetzt wird versöhnt und basta!

Stille.

OSKAR   Mariann. Ich verzeihe dir gern alles, was du mir angetan hast – denn lieben bereitet mehr Glück, als geliebt zu werden. – Wenn du nämlich nur noch einen Funken Gefühl in dir hast, so mußt du es jetzt spüren, daß ich dich trotz allem noch heut an den Altar führen tät, wenn du nämlich noch frei wärst – ich meine jetzt das Kind –

Stille.

MARIANNE   Was denkst du da?

OSKAR   *lächelt:* Es tut mir leid.

MARIANNE   Was?

OSKAR   Das Kind –

Stille.

MARIANNE   So laß doch das Kind in Ruh – Was hat dir denn das Kind getan? Schau mich doch nicht so dumm an!

VALERIE   Mariann! Hier wird jetzt versöhnt!

MARIANNE   *deutet auf Alfred:* Aber nicht mit dem!

VALERIE   Auch mit dem! Alles oder nichts! Auch das ist doch nur ein Mensch!

ALFRED   Ich danke dir.

MARIANNE   Gestern hast du noch gesagt, daß er ein gemeines Tier ist.

VALERIE   Gestern war gestern, und heut ist heut, und außerdem kümmer dich um deine Privatangelegenheiten.

ALFRED   Nur wer sich wandelt, bleibt mit mir verwandt.

OSKAR   *zu Marianne:*
Denn so lang du dies nicht hast
Dieses Stirb und Werde!
Bist du noch ein trüber Gast
Auf der dunklen Erde!

MARIANNE   *grinst:* Gott, seid ihr gebildet –

OSKAR Das sind doch nur Kalendersprüch!

VALERIE Sprüch oder nicht Sprüch! Auch das ist doch nur ein Mensch mit allen seinen angeborenen Fehlern und Lastern – Du hast ihm auch keinen genügend starken inneren Halt gegeben!

MARIANNE Ich hab getan, was ich tun konnte!

VALERIE Du bist halt noch zu jung!

Stille.

ALFRED Zu guter Letzt war ich ja auch kein Engel.

VALERIE Zu guter Letzt ist bei einer solchen Liaison überhaupt nie jemand schuld – das ist doch zu guter Letzt eine Frage der Planeten, wie man sich gegenseitig bestrahlt und so.

MARIANNE Mich hat man aber eingesperrt.

Stille.

MARIANNE Sie haben mich sehr erniedrigt.

OSKAR Die Polizei trägt allerdings keine Glacéhandschuhe.

VALERIE Waren es wenigstens weibliche Kriminalbeamte?

MARIANNE Teils.

VALERIE Na also!

Stille.

VALERIE Marianderl. Jetzt geh nur ruhig dort hinein – *Sie deutet auf die Puppenklinik.*

MARIANNE Und?

VALERIE Geh nur –

MARIANNE Aber auf deine Verantwortung –

VALERIE Auf meine Verantwortung –

Stille.

MARIANNE *wendet sich langsam der Puppenklinik zu – legt die Hand auf die Klinke und dreht sich dann nochmals Valerie, Alfred und Oskar zu:* Ich möcht jetzt nur noch was sagen. Es ist mir nämlich zu guter Letzt scheißwurscht – und das, was ich da tu, tu ich nur wegen dem kleinen Leopold, der doch nichts dafür kann. – *Sie öff-*

*net die Tür und das Glockenspiel erklingt, als wäre
nichts geschehen.*

IV
Draußen in der Wachau

*Die Großmutter sitzt in der Sonne und die Mutter schält
Erdäpfel. Und der Kinderwagen ist nirgends zu sehen.*

DIE GROSSMUTTER Frieda! Hast du ihr schon den Brief
geschrieben?

DIE MUTTER Nein.

DIE GROSSMUTTER Soll ich ihn vielleicht schreiben?
Stille.

DIE GROSSMUTTER Da wir die Adress des lieben Herrn
Alfred nicht kennen, müssen wir es doch ihr schreiben –

DIE MUTTER Ich schreib schon, ich schreib schon. – Sie
werden uns noch Vorwürf machen, daß wir nicht aufge-
paßt haben –

DIE GROSSMUTTER Wir? Du! Du, willst du wohl sagen!

DIE MUTTER Was kann denn ich dafür?!

DIE GROSSMUTTER Wars vielleicht meine Idee, das Kind in
Kost zu nehmen?! Nein, das war deine Idee – weil du
etwas Kleines, Liebes um dich hast haben wollen, hast
du gesagt! Hast du gesagt! Ich war immer dagegen. Mit
so was hat man nur Schererein!

DIE MUTTER Gut. Bin ich wieder schuld. Gut. Am End bin
ich dann vielleicht auch daran schuld, daß sich der kleine Leopold erkältet hat – und daß er jetzt im Himmel
ist?! Herrgott, ist das alles entsetzlich!
Stille.

DIE GROSSMUTTER Vielleicht ist es ihr gar nicht so entsetzlich – ich meine jetzt dein Fräulein Mariann. – Man
kennt ja diese Sorte Fräuleins – vielleicht wird das Fräulein sogar zufrieden sein, daß sie es los hat –

DIE MUTTER Mama! Bist du daneben?!

DIE GROSSMUTTER Was fällt dir ein, du Mistvieh?!

DIE MUTTER Was fällt dir ein, du Ungeheuer?! Das Fräulein ist doch auch nur eine Mutter, genau wie du!!

DIE GROSSMUTTER *kreischt:* Vergleich mich nicht mit ihr! Ich hab mein Kind in Ehren geboren, oder bist du ein unehelicher Schlampen?! Wo kein Segen von oben dabei ist, das endet nicht gut und soll es auch nicht! Wo kämen wir denn da hin?! Jetzt wird hier aber endlich geschrieben – und wenn du zu feig dazu bist, dann diktier ich dir! *Sie erhebt sich.* Setz dich her! Hier hast du Papier und Bleistift – ich habs schon vorbereitet.

DIE MUTTER Ungeheuer –

DIE GROSSMUTTER Kusch! Setz dich! Schreib! Freu dich, daß ich dir hilf!

DIE MUTTER *setzt sich.*

DIE GROSSMUTTER *geht gebeugt auf und ab und diktiert:* Wertes Fräulein! – Jawohl: Fräulein! – Leider müssen wir Ihnen eine für Sie recht traurige Mitteilung machen. Gott der Allmächtige hat es mit seinem unerforschlichen Willen so gewollt, daß Sie, wertes Fräulein, kein Kind mehr haben sollen. Das Kind hat sich nur etwas erkältet, und dann ist es sehr schnell dahingegangen – Punkt. Aber trösten Sie sich, Gott der Allmächtige liebt die unschuldigen Kinder. Punkt. Neuer Absatz.

MARIANNE *kommt mit Zauberkönig, Valerie, Oskar und Alfred, denen sie etwas vorausgeeilt ist:* Guten Tag, liebe Frau Zentner! Küß die Hand, Großmutter! Jetzt war ich aber lang nicht mehr da, ich bin ja nur froh, daß ich euch wiederseh – Das ist mein Vater!

ZAUBERKÖNIG *grüßt.*

DIE MUTTER *erblickt Alfred:* Alfred!

MARIANNE *wird es plötzlich unheimlich:* Was habt ihr denn –?

DIE GROSSMUTTER *reicht ihr den Brief.*

MARIANNE *nimmt ihr mechanisch den Brief ab und sieht sich scheu um; bange:* Wo ist er denn – wo ist er denn –?

DIE GROSSMUTTER Lesen, bitte. Lesen –

MARIANNE *liest den Brief.*

ZAUBERKÖNIG Na, wo ist er denn, der kleine Leopold? *Er hält ein Kinderspielzeug in der Hand, an dem Glöckchen befestigt sind, und läutet damit.* Der Opapa ist da. Der Opapa!

MARIANNE *läßt den Brief fallen.*
Stille.

ZAUBERKÖNIG *plötzlich ängstlich:* Mariann! Ist denn was passiert?

VALERIE *hat den Brief aufgehoben und gelesen; jetzt schreit sie:* Maria! Tot ist er! Hin ist er, der kleine Leopold!

ALFRED Tot?!

VALERIE Tot! *Sie schluchzt.*

ALFRED *schließt sie automatisch in seine Arme.*

ZAUBERKÖNIG *wankt – läßt das Kinderspielzeug fallen und hält die Hand vors Gesicht.*
Stille.

DIE GROSSMUTTER *hebt neugierig das Kinderspielzeug auf und läutet damit.*

MARIANNE *beobachtet sie – stürzt sich plötzlich lautlos auf sie und will sie mit der Zither, die auf dem Tischchen liegt, erschlagen.*

OSKAR *drückt ihr die Kehle zu.*

MARIANNE *röchelt und läßt die Zither fallen.*
Stille.

DIE GROSSMUTTER *hebt die Zither auf, leise:* Du Luder. Du Bestie. Du Zuchthäuslerin. – Mich? Mich möchst du erschlagen, mich?

DIE MUTTER *schreit die Großmutter plötzlich an:* Jetzt schau aber, daß du ins Haus kommst! Marsch! Marsch!

DIE GROSSMUTTER *geht langsam auf die Mutter zu:* Dir tät

es ja schon lange passen, wenn ich schon unter der Erden
wär – nicht? Aber ich geh halt noch nicht, ich geh noch
nicht – Da! *Sie gibt der Mutter eine Ohrfeige.* Verfaulen
sollt ihr alle, die ihr mir den Tod wünscht! *Ab mit ihrer
Zither in das Häuschen.*
Stille.

DIE MUTTER *schluchzt:* Na, das sollst du mir büßen – *Ihr
nach.*

ZAUBERKÖNIG *nimmt langsam die Hand vom Gesicht:*
Der zweite Schlaganfall, der zweite Schlaganfall – nein,
nein, nein, lieber Gott, laß mich noch da, lieber Gott –
Er bekreuzigt sich. Vater unser, der du bist im Himmel –
groß bist du und gerecht – nicht wahr, du bist gerecht?
Laß mich noch, laß mich noch – Oh, du bist gerecht, oh,
du bist gerecht! *Er richtet sich seine Krawatte und geht
langsam ab.*

VALERIE *zu Alfred:* Wie groß war er denn schon, der kleine Leopold?

ALFRED So groß –

VALERIE Meine innigste Kondolation.

ALFRED Danke. *Er zieht Geldscheine aus seiner Hosen-
tasche.* Da. Jetzt hab ich gestern noch telegraphisch gesetzt und hab in Maisons-Laffitte gewonnen – und heut
wollt ich meinem Sohne vierundachtzig Schilling brin-
gen –

VALERIE Wir werden ihm einen schönen Grabstein setzen.
Vielleicht ein betendes Englein.

ALFRED Ich bin sehr traurig. Wirklich. Ich hab jetzt grad
so gedacht – so ohne Kinder hört man eigentlich auf.
Man setzt sich nicht fort und stirbt aus. Schad! *Langsam ab mit Valerie.*

MARIANNE Ich hab mal Gott gefragt, was er mit mir vor-
hat. – Er hat es mir aber nicht gesagt, sonst wär ich
nämlich nicht mehr da. – Er hat mir überhaupt nichts
gesagt. – Er hat mich überraschen wollen. – Pfui!

OSKAR Marianne! Hadere nie mit Gott!

MARIANNE Pfui! Pfui! *Sie spuckt aus.*

Stille.

OSKAR Mariann. Gott weiß, was er tut, glaub mir das.

MARIANNE Kind! Wo bist du denn jetzt? Wo?

OSKAR Im Paradies.

MARIANNE So quäl mich doch nicht –

OSKAR Ich bin doch kein Sadist! Ich möcht dich doch nur
trösten. – Dein Leben liegt doch noch vor dir. Du stehst
doch erst am Anfang. – Gott gibt und Gott nimmt.

MARIANNE Mir hat er nur genommen, nur genommen –

OSKAR Gott ist die Liebe, Mariann – und wen er liebt,
den schlägt er –

MARIANNE Mich prügelt er wie einen Hund!

OSKAR Auch das! Wenn es nämlich sein muß.

*Nun spielt die Großmutter auf ihrer Zither drinnen im
Häuschen die »Geschichten aus dem Wiener Wald« von
Johann Strauß.*

OSKAR Mariann. Ich hab dir mal gesagt, daß ich es dir nie
wünsch, daß du das durchmachen sollst, was du mir
angetan hast – und trotzdem hat dir Gott Menschen
gelassen – die dich trotzdem lieben – und jetzt, nachdem
sich alles so eingerenkt hat. – Ich hab dir mal gesagt,
Mariann, du wirst meiner Liebe nicht entgehn –

MARIANNE Ich kann nicht mehr. Jetzt kann ich nicht
mehr –

OSKAR Dann komm – *Er stützt sie, gibt ihr einen Kuß auf
den Mund und langsam ab mit ihr – und in der Luft ist
ein Klingen und Singen, als spielte ein himmlisches
Streichorchester die »Geschichten aus dem Wiener
Wald« von Johann Strauß.*

Ende des dritten und letzten Teiles

Zeittafel

1901 Edmund (Ödön) Josef von Horváth wird am 9. Dezember als erster Sohn des Diplomaten Dr. Edmund Josef von Horváth (1874–1950) und Maria Hermine, geb. Prehnal (1882–1959) in Sušak, einem Vorort von Fiume, dem heutigen Rijeka, geboren. Horváth beschreibt seine Herkunft später folgendermaßen: »Sie fragen mich nach meiner Heimat, ich antwurte: ich wurde in Fiume geboren, bin in Belgrad, Budapest, Preßburg, Wien und München aufgewachsen und habe einen ungarischen Paß – aber: ›Heimat‹? Kenn ich nicht. Ich bin eine typisch alt-österreichisch-ungarische Mischung: magyarisch, kroatisch, deutsch, tschechisch – mein Name ist magyarisch, meine Muttersprache ist deutsch« (Bd. 11, S. 184).

1902 Familie Horváth zieht nach Belgrad um, wo ein Jahr später der Bruder Lajos von Horváth zur Welt kommt.

1908 Umzug der Familie Horváth nach Budapest, wo ein Hauslehrer Ödön in ungarischer Sprache unterrichtet.

1909 Sein Vater, im Frühjahr in den Adelsstand erhoben, wird im Herbst nach München versetzt; doch Ödön selbst bleibt in Budapest und besucht dort das erzbischöfliche Internat.

1913 Ödön zieht zu den Eltern und besucht die dritte Klasse des Kaiser-Wilhelm-Gymnasiums, ehe er im folgenden Jahr auf das Realgymnasium wechselt. Seine Zensuren sind nicht die besten (vgl. Mat. IV, S. 32), überdies kommt es mit dem Religionslehrer Dr. Heinzinger zu Differenzen, die sich später in Horváths Werk niederschlagen. Im Rückblick auf diese Jahre schreibt Horváth: »Während meiner Schulzeit wechselte ich viermal die Unterrichtssprache und besuchte fast jede Klasse in einer anderen Stadt. Das Ergebnis war, daß ich keine Sprache ganz beherrschte. Als ich das erste Mal nach Deutschland kam, konnte ich keine Zeitung lesen, da ich keine gotischen Buchstaben kannte, obwohl meine Muttersprache die deutsche ist. Erst mit vierzehn [!] Jahren schrieb ich den ersten deutschen Satz« (Bd. 11, S. 183).

1915   Sein Vater wird von der Front abberufen und erneut nach
        München beordert. Später schreibt Ödön über diese Jah-
        re: »An die Zeit vor 1914 erinnere ich mich nur, wie an
        ein langweiliges Bilderbuch. Alle meine Kindheitserleb-
        nisse habe ich im Kriege vergessen. Mein Leben beginnt
        mit der Kriegserklärung« (ebd.).

1916   Umzug der Familie nach Preßburg, wo Ödön wieder eine
        ungarische Schule besucht. Er beginnt zu schreiben, doch
        nur das Gedicht »Luci in Macbeth. Eine Zwerggeschich-
        te von Ed. v. Horváth« bleibt erhalten.

1918   Vor Kriegsende wird der Vater erneut nach Budapest be-
        rufen, so dass Ödön die Nachkriegswirren in der unga-
        rischen Hauptstadt erlebt, sich dort stark für die macht-
        politischen Kämpfe interessiert und sich schließlich im
        Galilei-Kreis engagiert, einer Gruppe junger Leute, die
        mit Begeisterung die national-revolutionären Werke von
        Endre Ady (1877–1919) liest.

1919   Während der Vater im Frühjahr zurück nach München
        versetzt wird, kommt Ödön in die Obhut seines Onkels
        Josef Prehnal (1875–1929) – dem Vorbild des Rittmeis-
        ters in *Geschichten aus dem Wiener Wald* – in Wien, wo
        er das Privatgymnasium der Salvatorianer besucht. Nach
        dem Abitur im Sommer zieht auch er wieder nach Mün-
        chen, immatrikuliert sich im Herbst an der Ludwig-Ma-
        ximilians-Universität und besucht psychologische, lite-
        ratur-, theater- und kunstwissenschaftliche Seminare bis
        zum Wintersemester 1921/22.

1920   Ödön beginnt Gedichte zu schreiben. Daneben lernt er
        »durch einen Zufall« (Bd. 11, S. 199) den Komponisten
        Siegfried Kallenberg (1867–1944) kennen, auf dessen
        Anregung die Pantomime *Das Buch der Tänze* entsteht.
        Über seinen Werdegang als »Literat« berichtet er später
        in einem Radiointerview: »Ich besuchte 1920 in Mün-
        chen die Universität und hatte, wie man so zu sagen
        pflegt, Interesse an der Kunst, hatte mich selber aber in
        keiner Weise noch irgendwie künstlerisch betätigt – nach
        außen hin – innerlich, mit dem Gedanken schon, da sagte
        ich mir: Du könntest doch eigentlich Schriftsteller wer-

den, du gehst doch zum Beispiel gern ins Theater, hast bereits allerhand erlebt, du widersprichst gern, fast dauernd, und dieser eigentümliche Drang, das was man so sieht und erlebt und vor allem: was man sich einbildet, daß es die Anderen erleben, niederzuschreiben, den hast du auch – und dann weißt du auch, daß man nie Konzessionen machen darf und daß es dir immer schon gleichgültig war, was die Leute über dich geredet haben – und so hatte ich eigentlich schon auch das, was pathetische Naturen als die ›Erkenntnis einer dichterischen Mission‹ bezeichnen« (ebd., S. 198 f.).

1922 *Das Buch der Tänze* wird mit zwei anderen Werken konzertant aufgeführt und erscheint anschließend in einer Auflage von 500 Exemplaren im Münchner El Schahin-Verlag. 1926 kauft Ödön die Restauflage mit Hilfe seines Vaters auf und vernichtet sämtliche Exemplare. Horváth war sich anfänglich keineswegs sicher, ob er als Schriftsteller arbeiten sollte oder nicht, denn im Rückblick bemerkt er: »Ich versuchte es noch mit allerhand mehr oder minder bürgerlichen Berufen – aber es wurde nie etwas Richtiges daraus – anscheinend war ich doch zum Schriftsteller geboren« (ebd., S. 199 f.).

1923 Ödön beginnt intensiv zu schreiben, doch die meisten Manuskripte aus diesen Jahren vernichtet er. Vermutlich entstehen in dieser Zeit das Fragment »Dosa« und das Schauspiel *Mord in der Mohrengasse*, aus dem einzelne Motive in späteren Stücken auftauchen.

1924 Im Satireblatt *Simplicissimus* erscheinen erstmals Horváths *Sportmärchen*. Nach einer längeren Parisreise mit dem Bruder beschließt Ödön nach Berlin umzuziehen, und in Berliner Zeitungen werden in den nächsten Jahren weitere *Sportmärchen* publiziert.

1926 Am Stadttheater in Osnabrück wird *Das Buch der Tänze* am 19. Februar uraufgeführt, das auf negative Kritiken stößt. Zur gleichen Zeit entstehen die Dramen *Revolte auf Côte 3018*, das den Bau der Zugspitzbahn zum Anlass nimmt, und *Zur schönen Aussicht*.

1927 Am 7. April stellt Horváth in Murnau den ersten Antrag

auf Einbürgerung, doch sein Wunsch, bayerischer Staatsangehöriger zu werden, erfüllte sich ebensowenig wie sein erneuter Versuch im darauffolgenden Jahr, die ungarische Staatsangehörigkeit für die deutsche einzutauschen. Im Berliner Büro der »Deutschen Liga für Menschenrechte« sichtet Horváth Unterlagen für eine Denkschrift zur Justizkrise und stößt dabei auf Material über Fememorde der Schwarzen Reichswehr, das er später in seinem Stück *Sladek oder Die schwarze Armee* verarbeitet. Die Uraufführung *Revolte auf Côte 3018* in Hamburg am 4. November wird ein Misserfolg, weshalb Horváth das Stück bearbeitet und es unter dem Titel *Die Bergbahn* vervielfältigen lässt. In einem Radiointerview beschreibt er später sein Volksstück so: »Das Stück hat zum Inhalt den Kampf zwischen Kapital und Arbeitskraft. Zwischen den beiden Parteien steht ein Ingenieur, und durch ihn ist die Stellung der sogenannten Intelligenz im Produktionsprozeß charakterisiert« (ebd., S. 200).

1928 Horváth schreibt das Stück *Sladek oder Die schwarze Armee*, arbeitet es später um. Die Neufassung erhält den Titel *Sladek, der schwarze Reichswehrmann*. In diesem und im folgenden Jahr verfasst er daneben sendereife *Sieben Szenen für den Rundfunk* unter dem Titel *Stunde der Liebe*, die aber erst 1973 im Radio zu hören sind.

1929 Mit großem Erfolg wird am 4. Januar *Die Bergbahn* in Berlin uraufgeführt. Das Haus Ullstein bietet ihm daraufhin ein Fixum und einen Vertrag an, sodass Horváth zukünftig als freier Schriftsteller leben kann. Er schreibt die Posse *Rund um den Kongreß*, einzelne Kapitel des späteren Romans *Der ewige Spießer* sowie die Geschichten der *Agnes Pollinger* und entwirft den Roman *Der Mittelstand*. In einer Matinee-Veranstaltung wird am 13. Oktober *Sladek, der schwarze Reichswehrmann* uraufgeführt. Das Stück enttäuscht die Kritik, ruft aber bei den Nationalsozialisten heftige Angriffe hervor.

1930 Der Roman *Der ewige Spießer* erscheint im zur Ullstein AG gehörenden Berliner Propyläen Verlag, in dessen Theaterabteilung Arcadia auch seine Dramen publiziert

werden. Zugleich schreibt Horváth an den beiden Volks-
stücken *Geschichten aus dem Wiener Wald* und *Italienische Nacht* und greift in seinem Stück *Die Lehrerin von
Regensburg* das reale Schicksal der ersten protestanti-
schen Volksschullehrerin Elly Maldaque in Regensburg
auf. Am 12. September tritt er aus der katholischen Kirche aus.

1931   Am 20. März wird im Berliner Theater am Schiffbauer-
damm *Italienische Nacht* mit großem Erfolg uraufgeführt. Eine entpolitisierte Fassung des Stückes hat am
5. Juli in Wien Premiere, anlässlich der Horváth in einem
Interview erklärt, er habe »eben« die *Geschichten aus
dem Wiener Wald* abgeschlossen, an denen er lange Zeit
gearbeitet hatte. Im Herbst erhält Horváth auf Vorschlag
Carl Zuckmayers (1896–1977) zusammen mit Erik Re-
ger (1893–1954) den Kleist-Preis. Die Uraufführung von
Geschichten aus dem Wiener Wald am 2. November am
Deutschen Theater in Berlin wird zu einem entscheidenden Theatererfolg und macht Horváth zum anerkannten
Dramatiker. Zusammen mit R. A. Stemmle (1903–1974)
schreibt Horváth an einer Ausstattungsrevue »Magazin
des Glücks« für Max Reinhardt (1873–1943), die aber
nicht vollendet wird, im Gegensatz zu seinem Volksstück
Kasimir und Karoline.

1932   Horváth arbeitet an seinem Stück *Glaube Liebe Hoffnung,* gibt ein Radiointerview (vgl. Bd. 11, S. 196 ff.) und
tritt bei Autorenlesungen in München auf. Am 18. November wird *Kasimir und Karoline* in Leipzig und eine
Woche später – in der gleichen Inszenierung – in Berlin
uraufgeführt. Die Kritik reagiert gespalten, und Horváth
sieht sich veranlasst, für künftige Inszenierungen eine
»Gebrauchsanweisung« (vgl. »Anhang«, S. 80 ff.) für
seine Stücke zu verfassen. Der Vertrag zwischen Ullstein
und Horváth, der ihm zunächst 300 Mark und ab 1931
500 Mark monatlich zusicherte, wird »auf Grund gegen-
seitigen freundschaftlichen Übereinkommens« gelöst.

1933   Heinz Hilpert (1890–1967) wird von den Nationalsozialisten gezwungen, das zur Uraufführung angenommene

Stück *Glaube Liebe Hoffnung* wieder abzusetzen. Auch andere Stücke Horváths dürfen nicht mehr gespielt werden. In Murnau wird das Haus der Eltern Horváths von einem SA-Trupp durchsucht. Horváth verlässt daraufhin Deutschland, wohnt zunächst in Österreich, wo er an dem Stück *Die Unbekannte aus der Seine* schreibt. Da Horváth in Deutschland als unerwünschte Person gilt und um die ungarische Staatsbürgerschaft zu behalten, muss er nach Budapest reisen. Dieses Erlebnis verarbeitet er später in der Posse *Hin und Her*. In Wien heiratet er am 27. Dezember die Sängerin Maria Elsner (1905–1981), doch die Ehe wird bereits am 2. September 1934 wieder geschieden.

1934 Die geplante Uraufführung des Stücks *Die Unbekannte aus der Seine* in Wien kommt nicht zustande. Horváth reist nach Berlin, da er ein Bühnenwerk über den Nationalsozialismus plant. Seine Eindrücke finden sich in den Skizzen zum Stück *Der Lenz ist da!* (GW 1970, Bd. 4, S. 100 ff.) und später im Roman *Jugend ohne Gott*. In Berlin findet Horváth Anschluss an die Filmindustrie, entwickelt mehrere Stoffe, schreibt an Filmdialogen und verschiedenen Exposés. Um überhaupt in der Filmbranche arbeiten zu können, wird Horváth zunächst Mitglied im nationalsozialistischen »Reichsverband Deutscher Schriftsteller« (RDS). Zugleich setzt er seine dramatischen Arbeiten fort und vollendet das Märchen »Himmelwärts« (Bd. 7, S. 157 ff.), das im Neuen Bühnenverlag erscheinen soll. Der Verleger Willy Stuhlfeld rechtfertigt diese Publikation gegenüber dem Reichsdramaturgen Rainer Schlösser, indem er aus einem Brief Horváths kurz nach dessen Antragstellung zum RDS zitiert. Darin grenzt sich Horváth einerseits entschieden vom »Kreis um Piscator und Brecht« ab und bekennt andererseits: »Ich erwarte es niemals, dass man mich irgendwo mit offenen Armen empfängt, aber es wäre für mich mehr als ein sehr schmerzliches Erlebnis, wenn man es mir untersagen würde, am Wiederaufbau Deutschlands mitzuarbeiten, soweit dies mir meine Kräfte erlauben« (Lunzer

u. a. 2001, S. 115). Am 13. Dezember hat in Zürich die Komödie *Hin und Her* Premiere.

1935 Horváths finanzielle Lage verschlechtert sich, da seine Stücke in Deutschland nicht mehr gespielt werden können. Zugleich verfasst er Skizzen und Fragmente zum Thema »Flucht aus der Gegenwart« und entwickelt mit seinem Bruder den Plan zu einem bebilderten Briefroman mit dem Titel »Die Reise ins Paradies« (GW 1970, Bd. 4, S. 456 f.). Als Auftragsarbeit für den Max Pfeffer Verlag schreibt Horváth das Stück *Mit dem Kopf durch die Wand*, dessen Uraufführung am 10. Dezember in Wien bei der Kritik durchfällt. Darüber schreibt er später: »Einmal beging ich einen Sündenfall. Ich schrieb ein Stück, ›Mit dem Kopf durch die Wand‹, ich machte Kompromisse, verdorben durch den neupreußischen Einfluß, und wollte ein Geschäft machen, sonst nichts. Es wurde gespielt und fiel durch. Eine gerechte Strafe« (Bd. 11, S. 227).

1936 Horváth arbeitet intensiv an seinen Stücken, sodass *Der jüngste Tag*, *Figaro läßt sich scheiden* und *Don Juan kommt aus dem Krieg* fertig werden. Er lebt meistenteils in Wien und in Henndorf bei Salzburg. Als er im August seine Eltern in Possenhofen besucht, wird ihm mitgeteilt, seine Aufenthaltsgenehmigung sei ihm entzogen und er habe Deutschland binnen 24 Stunden zu verlassen. Am 13. November wird *Glaube Liebe Hoffnung* in Wien unter dem Titel *Liebe, Pflicht und Hoffnung* uraufgeführt.

1937 Horváth beginnt, sich von fast all seinen Bühnenstücken zu distanzieren (vgl. ebd.), und plant das Projekt »Komödie des Menschen«, das er als Kontrast zu *Mit dem Kopf durch die Wand* (1935) begreift: »So habe ich mir nun die Aufgabe gestellt, frei von Verwirrung die Komödie des Menschen zu schreiben, ohne Kompromisse, ohne Gedanken ans Geschäft. Es gibt nichts Entsetzlicheres als eine schreibende Hur. Ich geh nicht mehr auf den Strich und will unter dem Titel ›Komödie des Menschen‹ fortan meine Stücke schreiben, eingedenk der Tatsache, daß im ganzen genommen das menschliche Leben immer ein Trauerspiel, nur im einzelnen eine Komödie ist« (ebd.). In Henndorf beendet er seinen Roman *Jugend ohne Gott*, der im Herbst im Amsterdamer Verlag Allert de Lange erscheint. Dem Romanerfolg, der mehrere Übersetzungen nach sich zieht, stehen einige Uraufführungen gegenüber, die aber meistens folgenlos bleiben: am 2. April *Figaro läßt sich scheiden* in Prag, am 24. September *Ein Dorf ohne Männer* in Prag, am 5. Dezember *Himmelwärts* in Wien, am 11. Dezember *Der jüngste Tag* in Mährisch-Ostrau. Noch im selben Jahr beginnt er mit der Arbeit an seinem zweiten Roman *Ein Kind unserer Zeit*, der ein Jahr später ebenfalls im Allert de Lange Verlag veröffentlicht wird.

1938   Starke Depressionen, Unzufriedenheit mit seinen Arbeiten und finanzielle Probleme hindern Horváth an der Vollendung seiner Pläne. Vom Romankonzept »Adieu Europa!« entstehen nur wenige Seiten. Während mehrerer seiner Freunde Österreich verlassen – Walter Mehring (1896–1981) emigriert nach Zürich, Hertha Pauli (1909–1972) nach Paris, Franz Theodor Csokor (1885–1969) nach Polen –, fährt Horváth zunächst nach Budapest, später weiter nach Fiume. Von Budapest schreibt er an F. Th. Csokor: »Gott, was sind das für Zeiten! Die Welt ist voller Unruhe, alles drunter und drüber, und noch weiß man nichts Gewisses! Man müßte ein Nestroy sein, um all das definieren zu können, was einem undefiniert im Wege steht! Die Hauptsache, lieber guter Freund, ist: Arbeiten! Und nochmals: Arbeiten! Und wieder: Arbeiten! Unser Leben ist Arbeit – ohne sie haben wir kein Leben mehr. Es ist gleichgültig, ob wir den Sieg oder auch nur die Beachtung unserer Arbeit erfahren, – es ist völlig gleichgültig, solange unsere Arbeit der Wahrheit und der Gerechtigkeit geweiht bleibt« (GW 1970, Bd. 4, S. 680). Dem Besuch weiterer Städte folgt eine Besprechung am 1. Juni mit Robert Siodmak (1900–1973) in Paris, der eine Verfilmung von *Jugend ohne Gott* plant. Horváth beabsichtigt, am nächsten Morgen nach Zürich weiterzureisen. Gegen 19^{30} Uhr wird er von einem herabstürzenden Ast gegenüber dem Théâtre Marigny erschlagen. In seiner Tasche soll man auf einer Zigarettenschachtel folgende Zeilen gefunden haben: »Und die Leute werden sagen / In fernen blauen Tagen / Wird es einmal recht / Was falsch ist und was echt // Was falsch ist, wird verkommen / Obwohl es heut regiert. / Was echt ist, das soll kommen – / Obwohl es heut krepiert« (ebd., S. 688). Am 7. Juni findet die Beerdigung Ödön von Horváths auf dem Pariser Friedhof Saint-Ouen unter Anteilnahme vieler Exilautoren statt.

Ödön von Horváth
im Suhrkamp Verlag

Gesammelte Werke. Kommentierte Werkausgabe in 14 Bänden mit zwei Supplementbänden in Kassette. Herausgegeben von Traugott Krischke unter Mitarbeit von Susanna Foral-Krischke. Auch einzeln erhältlich.

Die großen Dramen und Romane. Herausgegeben von Traugott Krischke unter Mitarbeit von Susanna Foral-Krischke. Sieben Bände in Kassette. st 2369-2375. 1656 Seiten

Einzelausgaben

Geschichten aus dem Wiener Wald. Text und Kommentar. Kommentar von Dieter Wöhrle. SBB 26. 176 Seiten

Glaube Liebe Hoffnung. Ein kleiner Totentanz. Text und Kommentar. Kommentar von Dieter Wöhrle. SBB 84. 152 Seiten

Italienische Nacht. Text und Kommentar. Kommentar von Dieter Wöhrle. SBB 43. 162 Seiten

Italienische Nacht. st 2369. 200 Seiten

Jugend ohne Gott. Text und Kommentar. Kommentar von Elisabeth Tworek. SBB 7. 195 Seiten

Kasimir und Karoline. Text und Kommentar. Kommentar von Dieter Wöhrle. SBB 28. 160 Seiten

Sechsunddreißig Stunden. Die Geschichte von Fräulein Pollinger. Roman. st 2211. 121 Seiten

Louis Begley
- Lügen in Zeiten des Krieges. Roman. Übersetzt von Christa Krüger. st 2546. 223 Seiten
- Mistlers Abschied. Roman. Übersetzt von Christa Krüger. st 3113. 288 Seiten
- Schiffbruch. Roman. Übersetzt von Christa Krüger. st 3708. 288 Seiten
- Schmidt. Roman. Übersetzt von Christa Krüger. st 3000. 320 Seiten
- Schmidts Bewährung. Roman. Übersetzt von Christa Krüger. st 3436. 314 Seiten

Thomas Bernhard
- Alte Meister. Komödie. st 1553. 311 Seiten
- Heldenplatz. st 2474. 164 Seiten
- Holzfällen. st 3188. 336 Seiten
- Wittgensteins Neffe. st 1465. 164 Seiten

Peter Bichsel
- Eigentlich möchte Frau Blum den Milchmann kennenlernen. 21 Geschichten. st 2567. 73 Seiten
- Kindergeschichten. st 2642. 84 Seiten

Ketil Bjørnstad. Villa Europa. Übersetzt von Ina Kronenberger. st 3730. 536 Seiten

Volker Braun. Unvollendete Geschichte. st 1660. 112 Seiten

Bertolt Brecht
- Dreigroschenroman. st 1846. 392 Seiten
- Geschichten vom Herrn Keuner. st 16. 108 Seiten
- Hundert Gedichte. Ausgewählt von Siegfried Unseld. st 2800. 188 Seiten

Lily Brett
- Einfach so. Roman. Übersetzt von Anne Lösch.
  st 3033. 446 Seiten
- New York. Übersetzt von Melanie Walz. st 3291. 160 Seiten
- Zu sehen. Übersetzt von Anne Lösch. st 3148. 332 Seiten

Antonia S. Byatt. Besessen. Roman. Übersetzt von Melanie
Walz. st 2376. 632 Seiten

Truman Capote. Die Grasharfe. Roman. Übersetzt von An-
nemarie Seidel und Friedrich Podszus. st 3135. 208 Seiten

Paul Celan. Gesammelte Werke 1-3. Gedichte, Prosa, Reden.
Drei Bände. st 3202-3204. 998 Seiten

Clarín. Die Präsidentin. Roman. Übersetzt von Egon Hart-
mann. Mit einem Nachwort von F. R. Fries. st 1390. 864 Seiten

Sigrid Damm. Ich bin nicht Ottilie. Roman. st 2999. 392 Seiten

Marguerite Duras. Der Liebhaber. Übersetzt von Ilma
Rakusa. st 1629. 194 Seiten

Karen Duve. Keine Ahnung. Erzählungen. st 3035. 167 Seiten

Hans Magnus Enzensberger
- Ach Europa! Wahrnehmungen aus sieben Ländern. Mit
  einem Epilog aus dem Jahre 2006. st 1690. 501 Seiten
- Gedichte. Verteidigung der Wölfe. Landessprache. Blinden-
  schrift. Die Furie des Verschwindens. Zukunftsmusik.
  Kiosk. Sechs Bände in Kassette. st 3047. 633 Seiten

Hans Magnus Enzensberger (Hg.). Museum der modernen
Poesie. st 3446. 850 Seiten

Laura Esquivel. Bittersüße Schokolade. Mexikanischer Roman um Liebe, Kochrezepte und bewährte Hausmittel. Übersetzt von Petra Strien. st 2391. 278 Seiten

Max Frisch
- Andorra. Stück in zwölf Bildern. st 277. 127 Seiten
- Biedermann und die Brandstifter. Ein Lehrstück ohne Lehre. st 2545. 95 Seiten
- Homo faber. Ein Bericht. st 354. 203 Seiten
- Mein Name sei Gantenbein. Roman. st 286. 288 Seiten
- Montauk. Eine Erzählung. st 700. 207 Seiten
- Stiller. Roman. st 105. 438 Seiten

Carole L. Glickfeld. Herzweh. Roman. Übersetzt von Charlotte Breuer. st 3541. 448 Seiten

Norbert Gstrein
- Die englischen Jahre. Roman. st 3274. 392 Seiten
- Das Handwerk des Tötens. Roman. st 3729. 357 Seiten

Fattaneh Haj Seyed Javadi. Der Morgen der Trunkenheit. Roman. Übersetzt von Susanne Baghestani. st 3399. 416 Seiten

Peter Handke
- Die drei Versuche. Versuch über die Müdigkeit. Versuch über die Jukebox. Versuch über den geglückten Tag. st 3288. 304 Seiten
- Kindergeschichte. st 3435. 110 Seiten
- Der kurze Brief zum langen Abschied. st 172. 195 Seiten
- Die linkshändige Frau. Erzählung. st 3434. 102 Seiten
- Mein Jahr in der Niemandsbucht. Ein Märchen aus den neuen Zeiten. st 3084. 632 Seiten
- Wunschloses Unglück. Erzählung. st 146. 105 Seiten

Christoph Hein
- Der fremde Freund. Drachenblut. Novelle. st 3476. 176 Seiten
- Horns Ende. Roman. st 3479. 320 Seiten
- Landnahme. Roman. st 3729. 357 Seiten
- Willenbrock. Roman. st 3296. 320 Seiten

Marie Hermanson
- Muschelstrand. Roman. Übersetzt von Regine Elsässer. st 3390. 304 Seiten
- Die Schmetterlingsfrau. Roman. Übersetzt von Regine Elsässer. st 3555. 242 Seiten

Hermann Hesse
- Demian. Die Geschichte von Emil Sinclairs Jugend. st 206. 200 Seiten
- Das Glasperlenspiel. Versuch einer Lebensbeschreibung des Magister Ludi Josef Knecht samt Knechts hinterlassenen Schriften. st 2572. 616 Seiten
- Siddhartha. Eine indische Dichtung. st 182. 136 Seiten
- Unterm Rad. Erzählung. st 52. 166 Seiten
- Steppenwolf. Erzählung. st 175. 280 Seiten

Ödön von Horváth
- Geschichten aus dem Wiener Wald. st 3336. 266 Seiten
- Glaube, Liebe, Hoffnung. st 3338. 160 Seiten
- Jugend ohne Gott. st 3345. 182 Seiten
- Kasimir und Karoline. st 3337. 160 Seiten

Bohumil Hrabal. Ich habe den englischen König bedient. Roman. Übersetzt von Karl-Heinz Jähn. st 1754. 301 Seiten

Uwe Johnson
- Jahrestage. Aus dem Leben der Gesine Cresspahl. Einbändige Ausgabe. st 3220. 1728 Seiten
- Mutmassungen über Jakob. st 3128. 308 Seiten

James Joyce
- Dubliner. Übersetzt von Dieter E. Zimmer.
  st 2454. 228 Seiten
- Ulysses. Roman. Übersetzt von Hans Wollschläger.
  st 2551. 988 Seiten

Franz Kafka
- Amerika. Roman. st 2654. 311 Seiten
- Der Prozeß. Roman. st 2837. 282 Seiten
- Das Schloß. Roman. st 2565. 424 Seiten

André Kaminski. Nächstes Jahr in Jerusalem. Roman.
st 1519. 392 Seiten

Ioanna Karystiani. Schattenhochzeit. Roman. Übersetzt von
Michaela Prinzinger. st 3702. 400 Seiten

Bodo Kirchhoff. Infanta. Roman. st 1872. 502 Seiten

Wolfgang Koeppen
- Tauben im Gras. Roman. st 601. 210 Seiten
- Der Tod in Rom. Roman. st 241. 187 Seiten
- Das Treibhaus. Roman. st 78. 190 Seiten

Else Lasker-Schüler. Gedichte 1902-1943. st 2790. 439 Seiten

Gert Ledig. Vergeltung. Roman. Mit einem Nachwort von
Volker Hage. st 3241. 224 Seiten

Stanisław Lem
- Der futurologische Kongreß. Übersetzt von I. Zimmer-
  mann-Göllheim. st 534. 139 Seiten
- Sterntagebücher. Mit Zeichnungen des Autors. Übersetzt
  von Caesar Rymarowicz. st 459. 478 Seiten

Hermann Lenz. Vergangene Gegenwart. Die Eugen-Rapp-Romane. Neun Bände in Kassette. 3000 Seiten. Kartoniert

H. P. Lovecraft. Cthulhu. Geistergeschichten. Übersetzt von H. C. Artmann. Vorwort von Giorgio Manganelli. st 29. 239 Seiten

Amin Maalouf
- Leo Africanus. Der Sklave des Papstes. Roman. Übersetzt von Bettina Klingler und Nicola Volland. st 3121. 480 Seiten
- Die Reisen des Herrn Baldassare. Roman. Übersetzt von Ina Kronenberger. st 3531. 496 Seiten
- Samarkand. Roman. Übersetzt von Widulind Clerc-Erle. st 3190. 384 Seiten

Andreas Maier
- Klausen. Roman. st 3569. 216 Seiten
- Wäldchestag. Roman. st 3381. 315 Seiten

Angeles Mastretta. Emilia. Roman. Übersetzt von Petra Strien. st 3062. 413 Seiten

Robert Menasse
- Selige Zeiten, brüchige Welt. Roman. st 2312. 374 Seiten
- Sinnliche Gewißheit. Roman. st 2688. 329 Seiten
- Die Vertreibung aus der Hölle. Roman. st 3493. 496 Seiten
- Das war Österreich. Gesammelte Essays zum Land ohne Eigenschaften. st 3691. 464 Seiten

Eduardo Mendoza. Die Stadt der Wunder. Roman. Übersetzt von Peter Schwaar. st 2142. 503 Seiten

Alice Miller
- Am Anfang war Erziehung. st 951. 322 Seiten

- Das Drama des begabten Kindes und die Suche nach dem wahren Selbst. st 950. 175 Seiten

Magnus Mills
- Die Herren der Zäune. Roman. Übersetzt von Katharina Böhmer. st 3383. 216 Seiten
- Indien kann warten. Roman. Übersetzt von Katharina Böhmer. st 3565. 230 Seiten

Adolf Muschg
- Der Rote Ritter. Eine Geschichte von Parzivâl. st 2581. 1089 Seiten
- Sutters Glück. Roman. st 3442. 336 Seiten

Cees Nooteboom
- Allerseelen. Übersetzt von Helga van Beuningen. st 3163. 440 Seiten
- Die folgende Geschichte. Übersetzt von Helga van Beuningen. st 2500. 148 Seiten
- Philip und die anderen. Roman. Übersetzt von Helga van Beuningen. st 3661. 168 Seiten
- Rituale. Roman. Übersetzt von Hans Herrfurth. st 2446. 231 Seiten

Kenzaburô Ôe. Eine persönliche Erfahrung. Roman. Übersetzt von Siegfried Schaarschmidt. st 1842. 240 Seiten

Sylvia Plath. Die Glasglocke. Übersetzt von Reinhard Kaiser. st 2854. 262 Seiten

Ulrich Plenzdorf. Die neuen Leiden des jungen W. st 300. 140 Seiten

Marcel Proust. Auf der Suche nach der verlorenen Zeit. Frankfurter Ausgabe. Herausgegeben von Luzius Keller. Übersetzt von Eva Rechel-Mertens. Sieben Bände in Kassette. st 3641-3647. 5300 Seiten

João Ubaldo Ribeiro. Brasilien, Brasilien. Roman. Übersetzt von Curt Meyer-Clason und Jacob Deutsch. st 3098. 731 Seiten

Patrick Roth
- Corpus Christi. st 3064. 192 Seiten
- Die Nacht der Zeitlosen. st 3682. 150 Seiten

Ralf Rothmann
- Hitze. Roman. st 3675. 292 Seiten
- Junges Licht. Roman. st 3754. 238 Seiten
- Milch und Kohle. Roman. st 3309. 224 Seiten

Carlos Ruiz Zafón. Der Schatten des Windes. Übersetzt von Peter Schwaar. st 3800. 565 Seiten

Jorge Semprún. Was für ein schöner Sonntag! Übersetzt von Johannes Piron. st 3032. 394 Seiten

Arnold Stadler. Mein Hund, meine Sau, mein Leben. Roman. Mit einem Nachwort von Martin Walser. st 2575. 164 Seiten

Andrzej Stasiuk. Die Welt hinter Dukla. Übersetzt von Olaf Kühl. st 3391. 175 Seiten

Jürgen Teipel. Verschwende Deine Jugend. Ein Doku-Roman. Über den deutschen Punk und New Wave. Vorwort von Jan Müller. Mit zahlreichen Abbildungen. st 3271. 336 Seiten

Hans-Ulrich Treichel
- Der irdische Amor. Roman. st 3603. 256 Seiten

NF 266c/9/6.08

- Tristanakkord. Roman. st 3303. 238 Seiten
- Der Verlorene. Erzählung. st 3061. 175 Seiten

Galsan Tschinag
- Der blaue Himmel. Roman. st 2720. 178 Seiten
- Die graue Erde. Roman. st 3196. 288 Seiten
- Der weiße Berg. Roman. st 3378. 290 Seiten

Mario Vargas Llosa
- Das Fest des Ziegenbocks. Roman. Übersetzt von Elke
  Wehr. st 3427. 540 Seiten
- Das grüne Haus. Roman. Übersetzt von Wolfgang A.
  Luchting. st 342. 429 Seiten
- Der Krieg am Ende der Welt. Roman. Übersetzt von Anne-
  liese Botond. st 1343. 725 Seiten
- Tante Julia und der Kunstschreiber. Roman. Übersetzt von
  Heidrun Adler. st 1520. 392 Seiten
- Das Paradies ist anderswo. Roman. Übersetzt von Elke
  Wehr. st 3713. 496 Seiten
- Tod in den Anden. Roman. Übersetzt von Elke Wehr.
  st 2774. 384 Seiten

Martin Walser
- Brandung. Roman. st 1374. 319 Seiten
- Ehen in Philippsburg. st 1209. 343 Seiten
- Ein fliehendes Pferd. Novelle. st 600. 151 Seiten
- Halbzeit. Roman. st 2657. 778 Seiten
- Ein springender Brunnen. Roman. st 3100. 416 Seiten
- Seelenarbeit. Roman. st 3361. 300 Seiten

Robert Walser
- Der Gehülfe. Roman. st 1110. 316 Seiten
- Geschwister Tanner. Roman. st 1109. 381 Seiten
- Jakob von Gunten. Ein Tagebuch. st 1111. 184 Seiten